LV

DIE MAZZESINSEL

DIE MAZZESINSEL

Juden
in der
Wiener
Leopoldstadt
1918–1938

Herausgegeben und mit einem historischen Essay
von Ruth Beckermann

LV
LÖCKER VERLAG
WIEN · MÜNCHEN 1984

Mitarbeit: Hermann Teifer

Für ihre Anregungen
danke ich meinen Freunden
Josef Aichholzer, Liane Segall
und Franz West.

Gedruckt mit Unterstützung
des Bundesministeriums für
Unterricht und Kunst

Printed in Austria

Lektorat: Paul Stein
Graphische Gestaltung:
Joey Badian
Reprographie: Lotte und Lui Karner
Satz: Typeshop
Druck: Novographic
ISBN 3-85409-068-4

Inhalt

Die Mazzesinsel

Ruth Beckermann

1

Hätte alles seinen natürlichen Lauf genommen, dieses Bild und viele andere wären in den Ablagen und Schränken der Kinder und Enkel verstaubt; bei Gelegenheit würden sie hervorgeholt, der vergangenen Mode und Frisur wegen befremdet betrachtet und wieder weggelegt werden. Das Hochzeitsbild der Eltern würde auf einem Tischchen stehen, das Porträt eines besonders verehrten Onkels gerahmt im Wohnzimmer an der Wand hängen.

Im Wechsel der Generationen gehören solche Photos zum Inventar eines Lebens – warum also ein Gruppenbild mit neun Menschen veröffentlichen, von einem unbekannten Photographen Anfang der dreißiger Jahre in Wien, in der Leopoldstadt, aufgenommen? Das Bild dieser nicht nur nicht berühmten, sondern gänzlich unbekannten Familie würde dem Bereich privater Erinnerung überlassen bleiben: Eine Familie, die sich wahrscheinlich aus festlichem Anlaß in das Studio eines Photographen begab oder ihn zu sich nach Hause bestellte. Dieser arrangierte die Gruppe mit Geschick und nach dem Geschmack der Zeit: die Männer beschützend an den Rand, die schönste Frau als Blickfang in die Mitte, das Jüngste zwischen die Alten. Die Großeltern sind sehr fromm: Der alte Mann trägt Schläfenlocken, seine Frau scheint, wie es bei verheirateten orthodoxen Frauen Sitte ist, ihr kurz geschnittenes Haar unter einer Perücke vor den Blicken fremder Männer zu verbergen. Die beiden jungen Männer haben weder Schläfenlocken noch Bart, nicht einmal einen Hut auf dem Kopf. Sie haben sich, jeder auf seine Weise, von Religion und Tradition entfernt. Der linke Mann erzählt wenig über sich; er trägt Anzug und Krawatte – die für alle Klassen bei festlichen Anlässen übliche Garderobe. Der andere dagegen zeigt seine Weltanschauung deutlich am ausgeschlagenen Hemdkragen. Ob Sozialist oder Zionist – mit der bürgerlichen Gesellschaft jedenfalls will er sichtlich nichts zu tun haben. Die Familie scheint schon eine Zeitlang in Wien zu wohnen. Auch wenn die Eltern vielleicht erst während des ersten Weltkriegs aus dem Osten kamen, haben sie sich bereits eingerichtet, beginnen sie Wurzeln zu schlagen. Die Kinder sind äußerlich bereits angepaßt. Für das Enkelkind mögen die Großeltern eine blendende Zukunft erträumen, für sich selbst einen geruhsamen Lebensabend.

Diese Normalität fand ein jähes Ende. In Wien ging alles so schnell, daß kaum einer Zeit fand, Bücher und Bilder einzupacken, wenn er noch flüchten konnte. Die Bilder der Eltern und Geschwister vergaß jedoch keiner. Familienalben wanderten um die Welt und in die Konzentrationslager. In einem Schrank in Jerusalem kann man prächtige seidene und samtene Alben und vergilbte Büchlein mit winzigen, gezackt umrandeten Photos aus Dachau finden. Keiner weiß, wem sie gehörten. Keiner weiß, wo der Besitz des Jüdischen Museums in Wien hinkam, den der letzte Kurator schon unter den Augen der Nazis in Kisten verpacken mußte, von denen nur zwei wiedergefunden wurden.

Eine ganze Kultur wurde vernichtet.

Bis in unsere Erinnerung hinein wurde sie vernichtet, von der Bilderflut der Nazis überschwemmt. Mit Tausenden Photos und Filmen haben sie ihre Macht in unsere Gehirne eingebrannt. Niemand wird ihre Namen und Gesichter so bald vergessen. Niemand wird ihre Taten vergessen: Bilder von namenlosen Opfern wie dem kleinen Jungen im polnischen Ghetto mit seinen verzweifelt erhobenen Armen, Bilder von Leichenhaufen, abstrakte Bilder.

Mit dem Wissen, daß die Familie auf diesem Photo wenige Jahre, nachdem sie gemeinsam vor der Kamera posiert hatte, in alle Windrichtungen zerstreut, vernichtet, jedenfalls aber vertrieben wurde, erlangt das Bild eine Bedeutung, die über das private Erkennen der Personen hinausgeht. Es ist nicht allein Fundstück der Erinnerung, sondern zuallererst Beweismaterial des Verlustes.

Es ist ein Augenblick aus einer Vorgeschichte, die versank, als die unfaßbare Geschichte begann. Es ist ein Relikt aus einer nie gekannten, verlorenen Heimat.

2

Ehe einer nach Wien fährt, erkundigt er sich in seinem Schtetl, wie es dort aussieht, wo der Kaiser wohnt. Man erzählt ihm, daß es dort viel Licht, Riesenfenster und Kristalluster gibt. Er kommt nach Wien, sieht das Café Produktenbörse auf der Taborstraße, wo es Riesenfenster und Kristalluster gibt, geht hinein und sagt: „Is' der Kaiser schon da?"

Die Schauplätze solcher Geschichten gibt es nicht mehr. Kein Café Fetzer, kein Café Produktenbörse, kein Café Rembrandt, kein Artistencafé. Der Umbruch im Jahre 1918 hatte ihnen noch nichts anhaben können. Gab es auch keinen Kaiser mehr und benötigte man einen Reisepaß, um nach Wien oder Prag oder Budapest zu gelangen, fühlte man sich doch zu Hause, wenn man hier wie dort in jedem Kaffeehaus den „Pester Lloyd", die „Czernowitzer Morgenzeitung" und die Wiener „Presse" fand. Nach 1938 mußte eines nach dem anderen schließen, weil eine Welt verschwand, von der sie ein Teil gewesen waren, ebenso wie ihr großteils jüdisches Publikum.

Die Kaffeehäuser überzogen vom Donaukanal bis zum Prater und in den Prater hinein den ganzen Stadtteil, der Mazzesinsel genannt wurde, weil er eine Insel und der jüdischste Wiener Bezirk war. Sie waren weniger fein, vielleicht aber lebenswichtiger als die berühmten Stätten von Konversation und Literatur in der Inneren Stadt. Belächelt von den jugendbewegten Jungen, angepöbelt von den Antisemiten und bedroht von Schlägertrupps, erfüllten sie vielerlei Funktionen: Hier konnte ein Neuankömmling erfahren, wo sich Verwandte auf-

Der heutige Blick von der Inneren Stadt über den Donaukanal auf die Leopoldstadt; links der Repräsentationsbau einer Versicherung

hielten und wo er ein warmes Mittagessen bekommen konnte. Hier wurden Geschäfte abgeschlossen, Nachrichten gehandelt und Groschen geschnorrt. Manche Kaffeehäuser waren Wärm- und Lesestube für Leute, die in elenden Quartieren hausten, manche waren Wohnzimmer, wo man sich für einige Stunden mit Tarockieren statt mit Alkohol betäubte. Das Café Post in der Blumauergasse wurde sogar von der Anti-Kaffeehaus-Jugend aufgesucht, weil es die finanzschwachen Gäste mit großen Portionen Mohnstrudel verwöhnte und darauf verzichtete, daß sie auch noch einen Kaffee konsumierten. Manche Kaffeehäuser waren sogar lebensrettend: In der Taborstraße gab es ein Café, das „amerikanisches" genannt wurde. Dort konnten sich Arbeitslose und Fernwehleider über das „Land der unbegrenzten Möglichkeiten" orientieren, über die Lebensgewohnheiten von „drüben", über Arbeitsmöglichkeiten, vor allem aber Adressen erfahren – und wie und wo Visa zu besorgen seien. Derlei Wissen sparte vielen nach der Kristallnacht wertvolle Monate verzweifelten Suchens und schenkte manchem ein so bitter benötigtes Zufluchtsland.

An der Schwedenbrücke, wo das Fetzer'sche und das Stierböck'sche Kaffeehaus ein harmonisches Ensemble bildeten, ragen heute die Versicherungs- und Bankbauten empor, von denen sich ehrgeizige Bezirksplaner den Anschluß der Leopoldstadt an die nahe City erhofften. Doch der Sauberpinsel griff nicht ganz. Hinter der Skyline am Donaukanal kommen die schillernden Gestalten hervor, die der braune Kehraus nicht so gründlich beseitigen konnte wie die Juden. Die kleinen Cafés, die Tschochs und Tschecherln der Sandler und Zuhälter und Kriminellen gibt es hier immer noch. Auch die Weinhallen um den wiedererrichteten Wurstelprater und die Stundenhotels in der Weintraubengasse. Eine diffuse Lebensform blieb erhalten und zieht die Gestrandeten ebenso an wie die Fremden und die Unangepaßten.

Wenn die Büros bei IBM schließen und die Büroangestellten in die sauberen Wohnbezirke des neuen Mittelstands fahren, dann geht das Leben ums Eck erst los. Langsam trudeln die Bewohner des Männerheims in der Großen Schiffgasse ein; je später es wird, desto unsicherer sind sie auf den Beinen. Gegenüber steht rund um die Uhr ein Polizist. Nicht um die Obdachlosen zu schrecken, sondern um dem Grüppchen Juden, das sich in einer Wohnung zum Abendgebet versammelt, das Gefühl zu geben, es sei vor Anschlägen geschützt. An Sommerabenden dringt aus den offenen Fenstern der Singsang der Betenden. Manchmal schaut einer hinunter in eine große, wild überwachsene Baulücke – die Stelle, wo einst eine Synagoge, die Schiffschul, stand, ist noch ein Denkmal der Ausrottung. Hier drosch in der Kristallnacht die Naziwut an Scheiben und Lustern los, bevor sie sich an die Menschen machte. Die Lücke, deren Geschichte keine der rot-weiß beflaggten Tafeln erzählt, die sonst historische Sehenswürdigkeiten erläutern, ist vergänglich wie die Erinnerung an die Opfer. Gras ist schon über sie gewachsen. Bald wird ein neues Haus an ihrem Platz stehen.

Da und dort eine Spur, die nicht weiterführt.

Keiner der betenden Männer in dem kleinen, versteckten Bethaus lebte schon d a v o r in Wien.

Große Schiffgasse. Baulücke, wo bis 1938 die Schiffschul stand

Irgendwie, irgendwo in Ungarn, Polen, Rumänien hatten sie überlebt, irgendwie hat es sie in den ersten Nachkriegswirren nach Wien verschlagen, irgendwie blieben sie hier. Die Straßen der Leopoldstadt bieten der Phantasie keinen Anreiz sich vorzustellen, daß dieses Viertel beinahe zur Hälfte jüdisch war. Auch an sommerlichen Sonntagen, wenn Türken und Jugoslawen die einzigen sind, die rund um die geschlossenen Markthütten beisammenstehen, wo die Kinder Fußball spielen und der Ball an eine Hauswand knallt, die mit „Tschuschn raus" beschmiert ist, drängen sich nur vage Assoziationen auf.

Die alten Wiener, die da waren und was wissen müßten, verweigern zumeist die Auskunft. Auf Fragen nach der Vergangenheit nehmen die Gesichter einen mißtrauischen Ausdruck an, begleitet von der stereotypen Antwort, daß man erst seit Achtunddreißig, Neununddreißig, Vierzig da wohne, daß man nichts wisse, daß die Wohnung schon leer gewesen sei, als man sie übernahm, und man die Vormieter nicht gekannt habe.

Sicher gibt es andere, wie den Obstverkäufer am Karmelitermarkt, der gerne an die Zeit denkt, als die jüdischen Hausfrauen vor dem Schabbat sieben und acht Salathäuptl einkauften, und manchmal plötzlich zu einem Rundblick innehält. Dann zeigt er auf die Häuser rund um den Markt und sagt: „Da sind sie runtergesprungen, viele waren's – Achtunddreißig, nach dem Einmarsch; sie haben's nicht ertragen."

Wer die Straßen abwandert, um nach den Spuren der Vertriebenen zu suchen, findet drei Gedenktafeln, eine für einen 1942 ermordeten Arzt, eine für einen ermordeten Kommunisten und eine für die am 12. April 1945 wenige Stunden vor der Befreiung im letzten wilden Blutrausch an Ort und Stelle in der Förstergasse ermordeten neun Juden.

Im Bezirksmuseum gibt es noch einige Gebetbücher und jüdische Heiratsurkunden – das ist fast alles, was an die vielen Juden hier erinnert. Und das Mosaik am Neubau in der Tempelgasse, das die ehemals größte Synagoge Wiens darstellen soll. – Aber gerade dort, an diesem Eck von Tempelgasse und Ferdinandstraße, gibt es wieder eine jüdische Betstube, einen Jugendclub, ein Vereinslokal. Denn in den siebziger Jahren waren „neue" Juden nach Wien gekommen, wenige nur, teils aus Rußland, teils aus Georgien, alle jedenfalls aus der Sowjetunion. Und weil es in der Leopoldstadt immer noch das Vakuum gab, das die Fremden und Gestrandeten in all den Jahren nur mühselig füllen konnten, und weil es vereinzelt immer noch jüdische Familien gab, an die man sich anlehnen konnte, ließen sich auch diese Juden meist wieder hier nieder. Die aus Rußland sprechen Jiddisch, eine dem Deutschen verwandte Sprache, und so versuchen sie unauffällig in Wien Fuß zu fassen. In der Hollandstraße entstand ein koscheres Restaurant neben einer koscheren Bäckerei; gegenüber ein koscheres Lebensmittelgeschäft. Das Restaurant und die Geschäfte sehen aus, als wollten sie sich in den Häusern verkriechen, als hätten sie alles darangesetzt, sich so zu tarnen, daß nur Juden sie erkennen können. Denn die Hollandstraße liegt in Wien und wird daher wohl kaum eine russisch-jüdische Rue des Rosiers oder Hesterstreet wie in Paris oder New York werden. Dort verkündet man seine Präsenz klar und deutlich mit den jiddischen Geschäftstafeln in blockiger hebräischer Schrift, während man in Wien viel leiser und ängstlicher lebt.

In der Malzgasse gibt es – wie schon vor 1938 – einen Cheder: Hinter einer starken Mauer und einem Tor mit Gegensprechanlage versteckt sich die namenlose Volksschule. Videokameras überwachen den Eingang. Wenn die Kinder mit dem Schulbus abgeholt werden, bewacht diesen noch zusätzlich ein Polizist vor ausländischen Terroranschlägen. Die jugoslawische Hausmeisterin versucht, den kleinen Alltagsterror der Nachbarschaft von den Kindern fernzuhalten. Beide Figuren gehören so sehr zum Schauplatz, daß einem nur selten auffällt, was diese Straßenszene besagt: daß die Angst in der Malzgasse ein Teil des täglichen Lebens ist und der Antisemitismus zu Wien gehört wie der Stephansdom.

Auch die sowjetischen Juden machten schnell ihre einschlägigen Wien-Erfahrungen. Einige erwarben Verkaufsstände am Karmelitermarkt. Es sind die namenlosen Stände. Denn bei Akzent und Tonfall der Obstverkäufer vertreibt ein Name wie Levi endgültig die Kundschaft. Die Levis leben von Obst und Gemüse. Sie nahmen das Firmenschild ab.

3

Als einer von einer Reise nach Wien zurückkommt, wird er gefragt, was er alles gesehen hat: „Ich hab' den Nordbahnhof gesehen und den Praterstern und die Schiffgasse und das Carltheater". – „Und die Hofburg hast du nicht gesehen und das Burgtheater?" – „Nein, in die äußeren Bezirke bin ich nicht gekommen."

Die Leopoldstadt muß etwas ganz Besonderes, muß anders gewesen sein als das übrige Wien und doch so sehr ein Teil dieser Stadt, daß sie schon nichts Exotisches mehr war. Daher fand es kaum jemand der Mühe wert, sie zu beschreiben und zu photographieren, solange sie existierte. Erst für diejenigen, die die Heimat verlassen mußten, erst als sie verloren war, war sie es wert, festgehalten zu werden.

Das enggeknüpfte Beisammenleben von Juden und Nichtjuden war ihren Bewohnern so selbstverständlich, daß es nicht zum Objekt der Betrachtung wurde. Hier wuchsen zum Beispiel Max Adler, Sigmund Freud, Alfred Polgar und Arnold Schönberg auf, doch beschäftigten sich diese nie mit dem Phänomen dieses Bezirks, denn es war für sie keines. Phänomen war die Leopoldstadt für einen Durchreisenden wie Joseph Roth.

Ausführlich wurde in zeitgenössischen Berichten allein über den Prater geschrieben, der als Erholungs- und Ausflugsgebiet, aber auch als Ort der Lust und des Lasters für den Wiener Fremdenverkehr warb. Auch aus den jüdischen Zeitungen, von denen viele ihren Redaktionssitz in der Leopoldstadt hatten, erfahren wir nichts vom Alltagscharakter dieses Bezirks, sondern nur von seinen Schattenseiten, dem jüdischen Elend. Seit Wien um die Jahrhundertwende zur Groß- und Industriestadt gewachsen war und aus allen Nähten platzte, waren Teile des Bezirks zu einem der schlimmsten Slums Europas geworden. Um dem abzuhelfen, aber auch um dem Leser genüßliche Schauer zu verschaffen, entstand die Sozialreportage. Zu den frühesten Photos dieses Genres gehören die Bilder, die der Journalist Bruno Frei mit zwei Amateurphotographen in den jüdischen Elendsquartieren für die linksliberale Zeitung „Der Abend" machte.

Für die Nachgeborenen ergibt sich aus den spärlichen Informationen, den Statistiken und Wohltätigkeitsberichten lediglich ein Gerüst dieses Orts zu jener Zeit. Erst die subjektiven Berichte, die die Zeitgenossen später aus ihrer Erinnerung geschöpft haben, verdichten sich bruchstückweise zu einem Bild jenes Lebens.

In den zwanziger Jahren lebten rund 60.000 Juden hier, beinahe die Hälfte der Leopoldstädter Bevölkerung. Jüdischer Lebensrhythmus prägte den Bezirk ebenso wie christlicher. Jüdische Feiertage wirkten sich auf das Straßenbild ebenso aus wie heute noch die christlichen: Läden und Betriebe waren geschlossen und Familien spazierten in festlicher Kleidung. Hier lebten nicht nur die Religionen, sondern auch die Klassen eng beisammen: Die jüdischen und die christlichen Besitzer der zahlreichen Läden wohnten hier ebenso wie ihre jüdischen und christlichen Kommis, Lehrbuben und Buchhalter. Hier gab es die Handwerksbetriebe der Schneider, Schuster, Schlosser und Hufschmiede, deren Söhne nicht bei Rapid, sondern bei der Hakoah Fußball spielten. Hier schauten die zum Teil jüdischen Ärzte und Anwälte auf dem Heimweg in die Tabor- und die Heinestraße in eines der Kaffeehäuser hinein, um in der „Wahrheit" oder der „Stimme" zu blättern, beliebten jüdischen Zeitungen jener Tage. Hier gab es neben den christlichen stets auch jüdische Schauspieler und Varietékünstler, jüdische Dichter und Philosophen, jüdische Huren und Zuhälter.

Eine Vielzahl jüdischer Vereine, Clubs und Organisationen, die sich den verschiedensten weltanschaulichen Lagern verpflichtet fühlten – von ganz weit links über sämtliche zionistische Schattierungen bis hin zu den Ultrafrommen –, waren nicht nur den Leopoldstädter Juden, sondern auch den 120.000 anderswo in Wien lebenden gesellschaftliche Heimat. Das war Weltrekord, denn in keiner anderen Stadt gab es damals ein ähnlich dichtes Netz jüdischer Vereine, das sich auf so engem Raum zusammenzog wie in der Leopoldstadt. Ob das nun der „Erste Österreichische Rechtsschutzverein Jüdischer Hausierer" in der Glockengasse war, ob der „Bund ehemaliger Zöglinge des Badener Waisenhauses" am Czerninplatz, ob Schachclubs, Pfadfindergruppen oder die Landsmannschaften der Lemberger, Bucsecser, Kaluszer und Stanislauer – aus ihrer längst zerschlagenen Existenz läßt sich erahnen, was Alltag in Wien, vor allem aber auf der Mazzesinsel bedeuten mochte.

Die Leopoldstadt paßt in keine Schablonen. Ihre Bevölkerung läßt sich nicht soziologisch oder ethnisch in ein gemeinsames Korsett zwängen. In der Leopoldstadt war die Vielfalt Prinzip. Man konnte jüdischer Sozialist oder Kommunist sein, Chassid an einem der nach Wien emigrierten „Höfe“, Mitglied der kleinen sephardischen Gemeinde oder Zionist. Man konnte auch Zionist und gleichzeitig in der Sozialdemokratie aktiv sein, man konnte sich als assimilierter Wiener Jude fühlen und von den Ostjuden distanzieren, man konnte sein Judentum ablegen, oder man wußte gar nicht mehr, daß man Jude war. – Die Juden waren in den zwanziger Jahren bereits zu einer vielschichtigen Gemeinde gewachsen. Für manche war die Zugehörigkeit zu einer Klasse, einem Berufsstand, einer politischen Gruppierung bereits verbindlicher als ihr Jude-Sein.

Dabei bestand diese Gemeinde erst seit etwa siebzig Jahren, als es den Juden nach der Revolution von 1848 gestattet wurde, frei innerhalb der Habsburgermonarchie umherzuziehen, auch in Wien Wohnsitz zu nehmen, Gewerbe zu treiben und sich zu organisieren. Am 3. April 1849 sprach Kaiser Franz Joseph I. zum ersten Mal von einer „israelitischen Gemeinde“ und meinte damit die „Mitbürger mosaischen Glaubens“, wie man die Juden und sie sich selbst jetzt nannten. Die sprachliche Neuordnung blieb eine Spezialität der deutschsprachigen Länder: Sie überläßt die Bezeichnung „Jude“ dem Bereich der Schimpfwörter und trennt zugleich streng die erst tolerierten, dann emanzipierten und schließlich assimilierten Juden von den noch der Ghettokultur verhafteten, den Ostjuden.

Aus der ganzen Monarchie zogen Bevölkerungsströme in die Hauptstadt, aber vor allem auf die Juden in den böhmischen, mährischen, ungarischen und galizischen Städten und Schtetls wirkte Wien wie ein Magnet. Die neue Nordbahn brachte sie zu Tausenden in die Residenz. In die Palais der Praterstraße zog das jüdische Bürgertum ein, in den Seitengassen mischten sich jüdische Handwerker, Händler und Arbeiter unter die ansässigen.

Die Leopoldstadt hatte damals schon jüdische Geschichte und Tradition: Über zweihundert Jahre zuvor hatte es hier schon einmal eine Gemeinde gegeben. Die Gegend hieß damals Unterer Werd und war sumpfig. Im Jahre 1625 waren die Juden auf Betreiben der Wiener Bürger gezwungen worden, sich hier, in einem Ghetto außerhalb der Stadtmauern, anzusiedeln, wo sich ein angeregtes Geistesleben und emsiges Geschäftstreiben entwickelte, das aber trotz Beschränkungen für die Juden immer noch eine starke Konkurrenz für die heimischen Kaufleute bedeutete. Diese nahmen jeden Mord, jede Seuche, jeden Brand zum Anlaß, die Vertreibung der Juden aus dem ganzen Land zu fordern. 45 Jahre später, unter Kaiser Leopold I. – der sich als Hüter, Bewahrer und Bollwerk der Christenheit fühlte – und seiner frommen spanischen Gemahlin, fanden die Wiener Bürger, ideologisch unterstützt von den Haßtiraden, die Bischof Kollonitsch von der Kanzel schleuderte, offene Ohren für ihr Begehr: Der Kaiser verfügte, daß „die Juden insgesamt, keinen davon ausgenommen, von hinnen und aus dem ganzen Lande Österreich wegzuschaffen“ seien.

Das ehemalige Wiener Getto (nach der Vertreibung der Juden im Jahr 1670); am rechten Bildrand die Schlagbrücke, die damals einzige Brücke über den Donauarm

Als die 132 Ghettohäuser leerstanden, ging man daran, die Erinnerung an die Juden auszulöschen: Sich selbst zum Gedächtnis und dem heiligen Landespatron Österreichs zu Ehren ließ Kaiser Leopold den Unteren Werd in „Leopoldstadt“ umbenennen. Man riß die Synagoge ab und baute an ihrer Stelle die Leopoldskirche. Altes sollte mit Neuem überlagert werden. In drei leerstehenden Ghettohäusern ließ der Kaiser ein Zucht- und Arbeitshaus als Exerzierfeld der beginnenden Industriegesellschaft einrichten, wo „Bettler, Waise, Müßiggänger“ nach frühkapitalistischem Bedarf abgerichtet wurden. Als Zweck der Umbauten wurde „Auslöschung der Juden gedechtnuss undt hingegen Einpflanzung des mehrern Nuzens bey den Christlichen Gemain" angegeben. War es Aberglaube, Trotz oder schlechtes Gewissen, was die Wiener das Ghetto so gründlich ausradieren ließ?

Jahrhunderte später geschah gleiches am gleichen Ort: Auch die Nazis hatten ihre Umbaupläne für die Leopoldstadt, wenn sie endlich „judenrein" sein würde. Ein riesiges Parteiforum zwischen Donaukanal und Donau war geplant, das der „minderwertigen" Bebauung den Garaus machen sollte. „Einigen Wert" erkannten die Nazis nur in den Kirchen der Barmherzigen Brüder und der Karmeliter; die Leopoldskirche sahen sie wohl als „Judenstämmling", denn auch sie sollte verschwinden.

Trotz Vertreibung und kaiserlichen Gelübden, nie wieder Juden in seinem Land zu dulden, gab es dort, wo das Ghetto gewesen war, weiterhin Juden. Obwohl in amtlichen Quellen am Vorabend der Revolution von 1848 nur 197 tolerierte jüdische Familien in Wien verzeichnet waren, nahmen viele der entweder illegal hier wohnenden oder Wanderhandel treibenden Juden an der Entwicklung teil, die schließlich zur Revolution führte. Besonders die vazierenden Kaufleute waren am vormärzlichen Aufschwung der österreichischen Wirtschaft stark beteiligt. Wo heute lediglich die verfallende Produktenbörse in der Taborstraße an die vitale Funktion der Leopoldstadt als Kornkammer Wiens erinnert, wurde das Termingeschäft schon im Vormärz betrieben. Als der Handel vom Köndlbauern zum Bäcker nicht mehr ausreichte, um den Bedarf der Großstadt zu decken, trat der Zwischenhandel in Aktion und mit ihm die jüdischen Kaufleute aus Pest, Sopron, Debrecen.

Der Wiener Kaufmann und sozialliberale Bürgerrechtler Sigmund Mayer, der 1880 die Leopoldstadt im Gemeinderat vertrat, beschrieb, wie schon im Vormärz – als es in der Stadt Wien trotz Joseph'schem Toleranzpatent nur wenige „tolerierte" und niedergelassene jüdische Familien gegeben hatte – Textil-, Produkten- und Spiritushandel von Juden betrieben worden waren. War der Textilhandel innerhalb der Stadtmauern angesiedelt, dort, wo heute Cafés und Restaurants die Gewölbe rund um die einzige erhaltene Wiener Synagoge nostalgisch wiederentdecken, so spielte sich der Handel mit den Produkten des Bodens außerhalb der Mauern und ganz anders ab:

„Dieses Geschäftsleben bewegte sich ohne jeden lokalen wie kommerziellen Zusammenhang mit dem der Stadt einzig in der Leopoldstadt, hatte eine ganz andere Gestalt und bot eine ganz andere Szenerie.

Dort – im Textilviertel – eine Reihe von Straßen und dichtgedrängt in denselben Laden an Laden; in jedem derselben schön gereihte Warenvorräte, von denen jedes Stück individuell durch die Kunden unter Mitwirkung der Kommis besichtigt und gehandelt wird. Dem Warenlokal sich anschließend, je nach Größe und Bedeutung des Geschäftes ein größeres oder kleineres Kontor mit mehr oder weniger fix angestellten Kontoristen.

Von alledem hier scheinbar keine Spur. Von dem großen Verkehr, der sich in der Leopoldstadt auf diesem Gebiete abspielte, ein Verkehr, im Betrag sicherlich viel größer als der in der Textilindustrie, ist in den Straßen nichts zu bemerken. Wo ist also sein Schauplatz? Vor allem, wo der des wichtigsten, des allgemeinen Nahrungsmittels, des Getreides, und der mit ihm zusammenhängenden anderen Artikel? Wie stellte sich dieser Getreidehandel unmittelbar gegen Ende des Vormärz dar?

In einem einfachen, unscheinbaren Kaffeehaus, bei Stierböck an der Donau, bewegten sich von morgens bis abends einige hundert Menschen, unaufhörlich miteinander Geschäfte bald abschließend, bald abwickelnd, ohne anderen Apparat und ohne anderen Behelf als ein Notizbuch; nur hie und da wurde ein kleines Mustersäckchen beschaut, geprüft; zum Abschluß genügte das Wort, die Notierung in das Büchlein der Verhandelnden. Neben und zwischen ihnen die regelmäßigen Begleiter des Verkehrs, die Sackverleiher – ein Zweig, welcher durch die damalige Ausdehnung des Geschäftes entstanden war –, Sensale, Kommissionäre, Spediteure. Die Ware, die gekauft und verkauft wurde, befand sich gar nicht in Wien; Wien hatte keine Lagerhäuser, keine Depots – sie lag irgendwo auf der ganzen Strecke von Wien bis Pest oder weit darüber hinaus bis in die Bácska oder in der Slowakei und mußte erst von dort nach Wien gelangen."

Um die Jahrhundertwende waren die Kaffeehausräume schon längst zu eng geworden, denn die Wiener Börse hatte sich von der Versorgung Wiens auf den internationalen Getreidehandel ausgeweitet. Die Schar von Getreidehändlern, die bei Stierböck aus- und einging, erlebte Höhepunkt und Ende ihrer Funktion mit dem Bau der prachtvollen Produktenbörse schräg gegenüber in der Taborstraße.

Ähnlich spielte sich der Spiritushandel in dem Stierböck gegenüberliegenden Fetzer'schen Kaffeehaus ab. Auch hier waren es jüdische Provinzkaufleute, die sich bei steigendem Bedarf als Vermittler zwischen den Erzeugern in der Provinz und den Konsumenten in der Großstadt etablierten. Die Etablierung konnte nur auf Umwegen stattfinden. Denn laut Gesetz war es Juden nicht gestattet, in Wien zu wohnen. Jeder Neuankömmling mußte sich zum k. k. Judenamt begeben, um eine Aufenthaltskarte für drei Tage zu erhalten, die er um weitere acht Tage verlängern konnte.

So umgingen die Kaufleute das Judengesetz auf

zweierlei Weise: „Sie spazierten zumeist harmlos und unbeanstandet am Sonntag zu dem einen Linientor hinaus und beim nächsten wieder in die Stadt hinein. Bei dem letzten meldeten sie sich als Zugereiste, gaben der Vorschrift gemäß ihren Paß gegen einen Passierschein ab und holten sich mit diesem im Judenamt ihre Aufenthaltskarte. Sie wiederholten dieses Spiel Woche für Woche, jedesmal andere zwei Tore benutzend." Oder sie riskierten es, ihre Familie mitzubringen und zumeist in den Gassen der Leopoldstadt Unterschlupf zu suchen, illegal lebend oder zum Schein auf der Familienliste eines „Tolerierten" geführt.

Nach der Revolution 1848 fielen sämtliche Arbeits- und Wohnbeschränkungen für die Juden Wiens, und der aufblühende Wirtschaftsliberalismus brachte neben neuem Elend auch neue Hoffnungen: „Die Leopoldstadt war zu jener Zeit noch ein vornehmes und angesehenes Viertel", erinnert sich Arthur Schnitzler an seine Kindheit in den sechziger Jahren, „und insbesondere ihre Hauptstraße, in der auch das Carltheater stand, wußte etwas von ihrem Glanz auch über die spärlichen Stunden hinaus zu bewahren, da in Equipagen und Fiakern die große, die elegante, die leichtlebige Welt von den Pferderennen oder von Blumenfesten aus der ‚Hauptallee' zurückgesaust kam. Gar oft genoß ich diesen prächtigen Anblick von der Wohnung der Großeltern aus. Auch später noch, als sie bald aus dem Carltheatergebäude in ein Haus in der Circusgasse übersiedelt waren, von dessen Fenstern man gleichfalls auf die Praterstraße herabsah. Die meisten anderen Verwandten wohnten ganz in der Nähe, im gleichen Bezirk ..."

Typischer für die Verhältnisse, in denen die Mehrheit der Juden in dem bereits zu einem Drittel jüdischen Bezirk damals lebte, sind wohl die beiden Freunde Schnitzlers gewesen, mit denen er gemeinsam die Schulbank im Akademischen Gymnasium drückte. Der eine stammte aus einer armen Familie, die ihr Glück vergeblich in Amerika gesucht hatte und wieder in einer Wohnung in der Leopoldstadt gelandet war, wo Schnitzler eine „trübselige Ghettoatmosphäre entgegenströmte", der andere wurde von seiner Familie, die in einem mährischen Städtchen lebte, zu Verwandten nach Wien in Kost gegeben, um hier eine gute Schule besuchen zu können.

Im Dunstkreis dieser feinen und fröhlichen Praterstraße, wie sie Schnitzler beschreibt, wurden in jener Zeit die großen jüdischen Repräsentationstempel errichtet, die Industrielle, Handelsherren und Intellektuelle – Liberalismus hin und Aufklärung her – mehr zum eigenen Ruhm als zu dem ihres Herrn erbauen ließen. Ihr christliches Gegenstück, die Johannes von Nepomuk-Kirche, die heute noch – grau und abgezehrt wie alles jetzt in diesem Bezirk – an der Ecke zur Rotensterngasse steht, war sonntäglicher Treffpunkt in der Gründerzeit, als Repräsentation auch nach Religion verlangte. Zwar nicht direkt an der Praterstraße, aber doch sehr nahe an ihr standen zwei der schönen großen Synagogen, die ganz dem fromm verbrämten Liberalismus jener Tage entsprachen, als das Sehen und Gesehenwerden im Gottesdienst zur höheren gesellschaftlichen Verpflichtung gehörte.

Rechts von der Praterstraße lag der „Große Tempel", der mit seinen orientalisch-arabischen Formen und Motiven mehr noch als die Nepomuk-Kirche den Ringstraßenstil vorwegnahm, mit dem sich ein geistig unterdrücktes, aber materiell expandierendes Wiener Großbürgertum ein prächtiges und verwirrtes Zeichen seiner selbst setzen sollte. Links von der Praterstraße stand, als Gegen- und Ergänzungsstück zum „Großen", der „Türkische Tempel", ein achteckiges Wunderwerk pseudo-osmanischer Baukunst nach Motiven der Alhambra.

Beide Tempel aber waren „Kirchen" – große Repräsentationsbauten, die von der echten, das Gesetz und den Talmud noch atmenden „Schul" mindestens so weit entfernt waren wie die elegante Nepomuk-Kirche vom basilikalen Versammlungsraum der Frühchristen. Der „Große Tempel" der Aschkenasen und der „Türkische" der Sepharden waren Symbole für den Kompromiß, den das Judentum einzugehen hatte, als es aus der engen, strengen, aber übersichtlich klaren Welt des Mittelalters in die „freie" des liberalen Bürgertums gekommen war.

Die „echten" Aschkenasen, die Juden Frankreichs und Deutschlands, die es im 15. Jahrhundert mit viel Blutverlust nach Osten verschlagen hatte, waren noch ein Rädchen im Sozialgetriebe des Mittelalters gewesen, das noch nicht nach Nation, Volk und Rasse gefragt hatte: So wie es den Fürsten gab, den Ritter, den Bauern und den Bürger, so gab es den Juden. Die Aschkenasen waren Bankiers und Händler; sie sprachen Deutsch, das sie im Osten als Jiddisch aufbewahrten; sie trugen Bürgerkleider, die im Russisch-Polnischen dann zu Kaftan und Pelzhut wurden; und sie trugen ihre Seele im „geistigen Gefäß" der göttlichen Gesetze und talmudischen Erklärungen – einem geistigen Tempel, der keinen steinernen Rahmen brauchte, denn zum Diskutieren und Klären der Gesetze genügte die Stube, die Schul, wo man sich traf und las, und einer der gebildeteren Herren, der Rabbi, Erklärungen anbot, wie Gesetze und Sprüche der Weisen im Alltag anzuwenden wären.

Auch die Sepharden hatten so gelebt, erst in Spanien und dann im türkischen Reich, das sie in all seinen Provinzen gerne aufgenommen hatte, um Handel, Gewerbe und Industrie in Schwung zu bringen. Auch sie hatten ihre alte Sprache, das Spanische, bewahrt und in der neuen Heimat zum

„Ladino“ verwandelt. Sephardische Familien wie die Pereiras, die de Mayos und die Nissans waren schon im 18. Jahrhundert nach Wien gekommen, wo sie als Untertanen des Sultans keinerlei Einschränkungen, wie sie sonst für Juden galten, unterworfen waren. Sie bildeten in der Leopoldstadt eine kleine Gemeinde und installierten gemeinsam mit Griechen und Armeniern den Orienthandel. In Wien wurden sie ebenso wie die Aschkenasen von der Emanzipation eingeholt. Sie nahm ihnen die Funktion, ohne ihnen die völlige, vorurteilsfreie Gleichheit zu geben; sie nahm ihnen den klaren Rahmen der alten Religion, um ihn durch das Ritual des Tempelbesuchs zu ersetzen.

Es gab in der Leopoldstadt auch Synagogen, wo Wiener Juden versuchten, die alte Frömmigkeit mit ihrem neu erworbenen Status als „echte Österreicher“ zu vereinen – den Polnischen Tempel und den Kaiser Franz Josephs-Huldigungstempel, der später, in der Republik, nach der Gasse, in der er stand, einfach Pazmanitentempel genannt wurde. Und es gab die Schiffschul, die Synagoge der sehr frommen und sehr reichen, zumeist ungarischen Juden in der Großen Schiffgasse.

Sie alle und die zeitweise über dreißig Bet-, Lehr- und Lernstuben der Allerfrömmsten waren auch zur Zeit der Republik festliche Mittelpunkte ihrer Gemeinden. Allein an der Vielfalt der alt-jiddischen „Schuls“ und chassidischen „Klausen“ ließe sich die kulturelle Vielfalt ihrer Besucher ablesen.

Sie alle wurden in einer Novembernacht des Jahres 1938 zerstört.

4

Als die Juden zu Beginn der Nazizeit beratschlagten, was mit dem Hitler nachher geschehen solle, sagte der eine, man solle ihn im Käfig herumführen und anspucken; der andere meinte, man solle ihn öffentlich abwatschen. Da sagte der dritte: „Ich hab' was besseres: Ich soll sitzen im Café Fetzer und vor mir liegt die ‚Presse‘ und das ‚Tagblatt‘ und das ‚Journal‘ und dann wird kommen ein kleiner Mann im Regenmantel und fragen: Bitte, ist das ‚Journal‘ frei? Und ich werd' sagen: Für Ihnen nicht, Herr Hitler.“

Aus der kosmopolitischen Hauptstadt eines Vielvölkerreiches war Wien nach dem ersten Weltkrieg zum Wasserkopf einer hungernden Republik geworden. Hier trafen sich die zahlreichen geistig und real heimatlos Gewordenen der toten Monarchie, um im einstigen Schmelztiegel Europas Arbeit und Sinn zu finden: Vertriebene aus vielen Ländern und müde, abgekämpfte Soldaten, die bei ihrer Heimkehr von den wilden, umstürzlerischen Veränderungen im Osten berichteten, wo sie die russische Revolution ebenso miterlebt hatten wie den brutalen Chauvinismus in Polen und in der Ukraine. Die Bevölkerung nahm einerseits die aufregenden Nachrichten begierig auf – vor allem die russischen Ereignisse elektrisierten –, und da und dort flackerten Ansätze zu Arbeiter- und Soldatenräten auf.

Doch der Wille zur radikalen Veränderung wurde schnell ins nur Kleinlich-Reformerische abgelenkt, die Wut auf ein Gesellschaftssystem wurde zur Wut auf die Fremden, die Juden, die Kriegsgewinnler. Dort, wo das Integrieren der anderen Tradition gewesen war, haßte man nun die lästig gewordenen Fremden. Tradition war aber auch schon in der Monarchie der Antisemitismus gewesen, mit dessen Hilfe sich Karl Luegers christlichsoziale Partei zur Massenbewegung aufgeschwungen hatte.

Was im weicheren pluralistischen Klima der Kaiserstadt angelegt gewesen war, kam nun zur vollsten Entfaltung. Jetzt gaben einige jüdische Kriegsgewinnler und Schieber willkommenen Anlaß, ein Trommelfeuer an bösartigen Parolen loszulassen, die die Bevölkerung nur allzu gerne aufnahm, um sich damit von den Mängeln und Unzulänglichkeiten ihres Daseins ablenken zu lassen. Nur die Erfolge der Sozialdemokratie und später der Kommunisten, die als einzige den Antisemitismus zumindest nicht zum Parteiprogramm gemacht hatten, wirkten auf viele Juden beruhigend. Die Arbeiterbewegung malte eine messianische Zukunft, die das „Haut den Juden“ anderer Parteien fast harmlos und als Relikt vergangener Zeiten erscheinen ließ.

Mehr noch als auf die Schieber stürzten sich die Antisemiten auf die Tausenden jüdischen Flüchtlinge, die das umkämpfte Polen verlassen mußten. Die eigene Kultur dieser Menschen, ihre andere Sprache und Kleidung, verwirrte auch das eingesessene Wiener Judentum, dem das „Ostjudenproblem“ ins Haus stand, ein Problem, an dem sich Antisemiten aller Couleurs eifrig erhitzten.

In einem damals noch nie gesehenen Flüchtlingsstrom waren schon nach den ersten österreichischen Niederlagen an der Ostfront 350.000 Menschen nach Westen gezogen. Über die Zahl der nach Wien geflüchteten Juden gibt es keine genauen Angaben. Die „Arbeiter-Zeitung“ sprach bereits von 70.000, als die Polizei noch etwas über 50.000 zählte. Sie waren nicht mehr Zuwanderer, die langsam in Wien einsickerten; sie kamen elend, getrieben und in Massen, und sie kamen in eine arme, hungernde Stadt. Auch wenn sie ein kaiserliches Dekret als „zum Zweck der Kriegsführung zwangsweise entfernte Zivilpersonen“ bezeichnete, waren sie für die Bevölkerung Eindringlinge. Sie waren sichtbar und erkennbar Fremde: leicht kenntlich in Kaftan und Hüten, deren ärmliches Aussehen das ästhetische Gefühl der Wiener Spießer verletzte. Wenn sie um Lebensmittel anstanden, waren sie das Angriffsziel von Hungertumulten und der Spottlust jugendlicher Banden ausgeliefert. Die Polizei aber beschränkte sich oft nur darauf, den Anschein zu erwecken, als würde sie die Flüchtlinge vor den Aggressionen schützen. Sie schleppten angeblich Krankheiten ein und sollten deshalb nicht die öffentlichen Badeanstalten benützen. Und obwohl sie in rattenverseuchten Löchern hausen mußten, weil die eigene Armut und die der Stadt ihnen keine menschenwürdigen Wohnungen bieten konnten, hieß es, sie nähmen dem Volk Wohnungen, Arbeit und Brot weg und machten sich ein feines Leben auf staatliche Kosten. Wagte ein Ostjude gar, sich politisch zu betätigen oder auch nur zu interessieren, so entzündeten sich alle Ängste und Aggressionen des Wieners: Zu den Seuchen kam der Bolschewismus, und beides wurde auf sie projiziert.

Am Anfang des Krieges hatte sich der Antisemitismus der Österreicher und der verbündeten Deutschen kurzfristig in die Freundlichkeit desjenigen verwandelt, dem keine andere Wahl bleibt. Die bedingungslos pro-österreichischen galizischen Juden waren nun wichtige Verbündete geworden, die Proviant und Rekruten stellten; die belachte und bekämpfte jiddische Sprache, abfällig Jargon genannt, war nun zur Sprache geworden, in der man sich verständigen konnte und offizielle Manifeste „Zu die Jiden in Paulen" erließ. Als aber dann die österreichische Armee zurückzuweichen begann und die Juden in Wien Zuflucht vor Russen und Polen suchten, schlug ihnen nur Hoffnungslosigkeit und Verachtung entgegen. Viele kehrten bei erster Gelegenheit wieder in die zerstörten Dörfer zurück. Etwa 25.000 Flüchtlinge blieben in Wien, die meisten in der Leopoldstadt, wo sie billige Quartiere und immerhin ein soziales Netz fanden. Von den 120 jüdischen Vereinen und Organisationen waren in den Jahren nach dem Krieg etwa die Hälfte Unterstützungsvereine für ganz verschiedenartige Zielgruppen und Bedürfnisse, so der „Verein zur Bekleidung und Unterstützung alter Männer israelitischer Konfession" oder der „Verein zur Unterstützung armer Talmudschüler".

Wohltätigkeit hat immer den Beigeschmack von Scham und Eitelkeit – so auch die jüdische. Wie froh war man in den bürgerlichen Wohnungen der Oberen Leopoldstadt und des Alsergrunds, wenn der polnische Jude seinen alten Gehrock gegen einen abgelegten Mantel tauschte und dann vielleicht weniger auffiel, und wie eitel las man dann den eigenen Namen auf den in der „Neuen Freien Presse" veröffentlichten Spendenlisten. Doch immerhin scheinen diese Komitees und Damenkränzchen den Großteil dazu beigetragen zu haben, eine Not zu lindern, die auch von den Einrichtungen des Roten Wien nicht aufgefangen werden konnte.

In der Erinnerung aller, die sie kannten, bis heute herausragend waren die Fürsorgeeinrichtungen der Anitta Müller, die durch den Flüchtlingsstrom aus ihrem geruhsamen Gesellschaftsleben aufgerüttelt worden war und mit großem Organisationstalent Hilfsaktionen durchführte. Es gelang ihr immer wieder, Mittel aufzutreiben, um Wöchnerinnenfürsorge, Kinderheime und Ausspeisungen aufrechtzuerhalten.

Dennoch: Trotz verschenkter Mäntel und ausgeschenktem Tee blieb die Notlage der jüdischen Flüchtlinge um einiges größer als die der eingesessenen Wiener. Sobald sich aber die Ostjuden – immerhin schon von zu Hause her im Umgang mit dem Elend geübt – an die neuen Bedingungen anzupassen suchten, schrie abermals der Wiener „Volkszorn" auf: Wenn sie arbeitslos auf den Straßen beisammenstanden, in billigen Kaffeehäusern warteten oder auf den Märkten herumlungerten, so galten sie als Schmarotzer. Versuchte einer aber auf dem einzig noch offenen Beschäftigungsfeld, dem Zwischenhandel und dem Hausieren, ein paar Groschen zu verdienen, so erhitzten sich daran die alten antisemitischen Vorurteile und Klischees.

Hatten die Deutschen die Ostjuden zur Zwangsarbeit in der Industrie verurteilt, so verurteilten sie die Österreicher zur Zwangsarbeitslosigkeit. Man machte sie nicht zu Proletariern, sondern zu Hausierern und Ratenhändlern, zu „Luftmenschen" und „unproduktiven Elementen". Denn am ehesten konnte man als Flüchtling vom Magistrat der Stadt Wien eine Gewerbebewilligung oder Hausiererlizenz erhalten. In der Leopoldstadt meldeten sich monatlich sechzig bis hundert neue Konzessionswerber. Womit handelten diese neuen Kaufleute, was erzeugten diese neubestallten Gewerbetreibenden in einem Bezirk, der zu den ärmsten Wiens gehörte?

Je weniger Ware vorhanden und je schwieriger sie zu bekommen war, desto mehr Händler und Zwischenhändler traten auf den Plan. Der eine wußte von einem Depot dort, der andere von einer Lieferung da. So mancher begann sich eine Existenz aufzubauen, indem er „Kapital aufnahm", wie er es großspurig nannte, wenn er sich bei einem besser situierten Verwandten Geld auslieh, um den Matrosen an der Donau etwas Tabak abzuhandeln, den dann die ganze Familie in Heimarbeit in Abadie-Papier stopfte und an Kellner und Straßenhändler lieferte, die diese Zigaretten einzeln verkauften. Oder es kaufte einer, ebenso illegal, geschmuggelte Lebensmittel von einem heimkehrenden Soldaten und trug damit immerhin dazu bei, der Bevölkerung in der völlig zusammengebrochenen Versorgungslage lebensnotwendige Waren zu verschaffen. Sie dankte es ihnen nicht, sondern sah in den Ostjuden immer nur Eindringlinge, die alles wegkauften und zusammenrafften, um es teurer weiterzuverkaufen.

In diesem Klima der Unterdrückung und Verachtung blieb immerhin noch das Hoffen und Träumen: die Auseinandersetzung mit Religion oder Politik. Viele waren fromm und hofften auf Gott, viele waren radikal und hofften auf Veränderung im Diesseits; in jedem Fall war mit den etablierten Werten der Eingesessenen und Betuchten nur wenig anzufangen. Viele fromme Ostjuden hingen nicht der „Amts-Synagoge" an, sondern waren Chassiden; in den Wirren des Weltkriegs hatte so mancher

Rebbe seinen „Hof“ in Galizien oder der Bukowina aufgelassen und war mit seinen Anhängern nach Wien geflohen, das so während der Ersten Republik zu einem Zentrum des Chassidismus wurde.

Die meisten Rebbes entstammten einer einzigen Familie, die „der große, der heilige“ Israel Friedmann, „der Ruschiner“, der „Admor (Herr, Lehrer, Rabbi) von Sadagora“, im 19. Jahrhundert gegründet hatte. Seine Enkel und Urenkel residierten nun in Wien. Aber der junge „Rebbe von Sadagora“, der „Admor von Brody“, der „Rebbe von Bojan“ und der von Czortkow wirkten nun nicht mehr in prächtig ausgestatteten, maurisch verzierten Häusern ihres Schtetls, sondern in schmucklosen Wohnungen in der Leopoldstadt. Sie hingen einer Religion an, die versuchte, die Herrschaft des Intellekts, des Verstehens der vielen Gesetze und Gebote aufzubrechen und das Mystische, aber auch freudig Messianische ihres Glaubens und ihrer Welt zu betonen. Auch dem Kutscher, dem Handwerker und Schankwirt sollte das Licht, die Freude, die Seele der Thora zuteil werden – nicht durch mühseliges Lesen und Lernen, sondern durch Tanz und Gesang zur Ehre Gottes und seiner Schöpfung. Der Gebildete, der Verstehende aber wurde zum Lehrer und Weiser. In all ihren Lebensfragen, sei es Handel oder Erziehung, Haushalt oder Erotik, gingen die Chassiden zu ihrem Rebbe und holten sich dort Rat und Weisung. Und sie nannten sich zur Unterscheidung voneinander nach dem Herkunftsort des von ihnen jeweils hoch Verehrten. Wenn so ein Rebbe starb, so fand sich in seiner Familie ein Nachfolger – ein Sohn, Enkel, Neffe oder Schwiegersohn –, dem dann die gleiche Verehrung, das gleiche Vertrauen zukam. In der Zwischenkriegszeit starben zwei solcher Hochverehrter in Wien: die Rebbes von Brody und von Czortkow. Zu ihren Begräbnissen reisten Chassiden aus aller Welt an; ihre Grabhäuschen stehen noch auf dem Wiener Zentralfriedhof.

Auch in der Politik wandten sich viele Ostjuden, die auf gesellschaftliche Veränderung aus waren, nicht der behäbigen deutsch-österreichischen Sozialdemokratie zu, sondern organisierten sich in weit links davon stehenden Gruppen und Grüppchen. Viele hatten aus der alten Heimat die revolutionäre Ideologie des „Jüdischen Arbeiterbunds“ mitgebracht, manche waren „Territorialisten“, die sich wiederum über Ort und Sprache der ersehnten Heimstätte nicht einigen mochten: Jiddisch im sowjetischen Birobidschan oder Hebräisch in Palästina. Treffpunkt all dieser Strömungen war das Café Stefanie in der Leopoldstadt: Dort hatte nicht nur die linkszionistische Poale Zion ihren Sitz, sondern auch eine Vielzahl von linksradikalen Gruppen, ob sie sich nun „Oppositionelle Sozialdemokraten“, „Anarcho-Syndikalisten“, „Anarcho-Terroristen“ oder „Gruppe jüdischer Bolschewisten“ nannten.

Angesichts solcher „linker Umtriebe“ nahm das antisemitische Vorurteil der Wiener sein nicht mehr auszurottendes Doppelgesicht an: Es richtete sich gegen die „Kapitalisten“, die man in jüdischen Schiebern, Wucherern, aber auch Ratenhändlern zu erkennen glaubte, wie auch gegen die „Verschwörer und Bolschewisten“. In Wirklichkeit taten sich die ostjüdischen sogenannten Bolschewisten nur einmal hervor: Der Jännerstreik 1918 als Massenbewegung ging vom Proletariat in den Industriegebieten Wiener Neustadts aus; diejenigen aber, die agitierten, Flugzettel verteilten und schließlich verhaftet wurden, waren zu einem großen Teil russische und galizische Juden aus dem Café Stefanie. Die Polizei fand die gern zitierte Verbindung von „Bolschewismus“ und „Internationalem Judentum“ bestätigt und betonte genüßlich die jüdischen Namen der Verhafteten. Als erschwerendes Delikt galt ihr bereits der Fund eines Buches „mit selbstgeschriebenen, im jüdischen Jargon verfaßten Liedern zum Teil ausgesprochen sozial-revolutionären Inhalts“, das ein Verhafteter bei sich trug.

Zur Sozialdemokratie, die als Massenbewegung jeden Lebensbereich im Roten Wien durchdrang, hatten die Ostjuden ein eher gebrochenes Verhältnis. Der Arbeiterkultur standen sie ebenso fremd gegenüber wie die Arbeiter ihnen. Was sollte ein Ostjude auch im Arbeiter-Abstinenzler-Bund, wenn er außer einem Schnaps am Schabbat soundso nichts trank, was sollte er mit den Naturfreunden wandern, wenn er sich die ganze Woche die Füße wundgelaufen hatte, um irgendeine Ware einzukaufen oder zu verkaufen? Ihm war es Naturgenuß genug, am Sonntag auf den Bänken entlang der Hauptallee zu sitzen und zu plauschen, solange das noch möglich war, ohne daß jugendliche Nazis sich einen Spaß daraus machten, mit einem Megaphon „Juden raus“ brüllend herbeizustürzen und sich an den panisch davonlaufenden Juden zu ergötzen. Die Ostjuden ließen sich von denen, die genau wußten, wie der neue Mensch beschaffen sein sollte, nicht reformieren. Sie waren vollauf damit beschäftigt, ihre Existenz soweit zu sichern, daß die Kinder die Mittelschule besuchen konnten, was mit der zunehmenden Arbeitslosigkeit ohnehin immer schwieriger wurde.

Ihre Kinder jedoch und die große Mehrheit der bereits seit ein, zwei Generationen ansässigen Leopoldstädter Juden fanden sich im Messianischen und allgemein Erlösenden des Sozialismus, der sich damals mit dem heroischen Pathos von Technikgläubigkeit, Körperkultur und Naturverbundenheit paarte, bestens zurecht. Mit dem Umbruch im Achtzehnerjahr war es zum Aufbruch gekommen, von dem man sich eine neue, starke, helle Zeit erhoffte, die durch menschliche Arbeit und laut stampfende Maschinen zu erobern war.

Mit dicken Muskelpaketen, hohlem Kreuz und breiter Brust stehen heute noch die Figuren der Kunstströmungen jener Zeit in einem Dekor herum, das Technik, Stromlinie und Fortschrittsglaube symbolisiert.

Wer die großen Probleme jener Nach- (und Vor)kriegsjahre anders und aktiver bewältigen wollte als in ihrem Zertanzen zu modischen Charleston- und Jazzklängen, wer sich das Leben bubifrisierter Dämchen und einer „Goldenen Jugend" nicht leisten konnte oder wollte, der schloß sich eben – fast unwillkürlich – der sozialdemokratischen Massenbewegung an. Politik lag ohnehin in der Luft, sodaß es einen jungen Wiener Juden geradezu selbstverständlich dorthin führte: Christlichsoziale oder Deutschnationale fielen wegen ihres offenen Antisemitismus von vornherein aus, und die ausschließlich jüdischen, meist zionistischen Vereine fanden erst größeren Zuspruch, als steigende Arbeitslosigkeit, Hoffnungslosigkeit und Hakenkreuzler-Unwesen den Ausreisewillen förderten. Auch waren ja dann, nach 1934, die sozialdemokratischen Vereine verboten, sodaß man sich nach anderen Orten gesellschaftlicher Betätigung umsehen mußte.

Zuvor jedoch war Wien rot und die Leopoldstadt ganz besonders; hier, wo fast jeder zweite Einwohner Jude war, gab es trotz kleinbürgerlicher Verhältnisse mehr „Rote" als in so manchem „echten" Arbeiterbezirk. Zahlreiche Geschichten einzelner, die als Kinder von jüdischen Kleinbürgern oder Akademikern selbst in einem sozialistischen Verein tätig waren, zeigen das ebenso deutlich wie die Statistik über das treue Wahlverhalten der Leopoldstädter, die in immer größerem Maße für ihre Sozialdemokratie stimmten, bis sie mit 60 Prozent sogar sozialistischer waren, als es dem Wiener Durchschnitt entsprochen hätte, der bei 50 Prozent lag. Ob das der junge jüdische Schlosser aus kleinbürgerlichem Milieu war, der die Richtung der „Sozialistischen Arbeiterjugend" so entscheidend mitbestimmte, ob die Tochter aus frommem jüdischen Haus, die sich gegen den Willen der Eltern und ganz geheim zu eben dieser SAJ schlich, ob ein Sohn aus einer wohlbetuchten Kunsthändlerfamilie, der den Eltern zuliebe das jüdische Chajes-Gymnasium besuchte, aber dort Kollegen und Lehrer „links anzuecken" versuchte, oder einer aus kleinem Angestelltenmilieu, Vater oft arbeitslos, der sich im „Verband Sozialistischer Mittelschüler" hervortat – ihnen allen war wohl eines gemeinsam: ein begeistertes Fiebern für den Sozialismus, der durchdacht, erklärt, gedeutet und verstanden werden mußte, damit er verändernd wirken könne. Die jüdische Tradition des Lernens und Debattierens hatte sich auf die jungen Juden auch dann übertragen, wenn sie aus bereits weitgehend assimilierter Familie stammten. Pogrome und Flucht hatten über Generationen das Bewußtsein geprägt, daß Wissen manchmal das einzige sein kann, was es mitzunehmen gibt.

Daher gingen auch besonders viele jüdische Kinder in die Mittelschule, ins Gymnasium oder in die Realschule, wo ihnen der „Verband Sozialistischer Mittelschüler" Spielkiste der Politik und Gesellschaftsrahmen der Jugendbewegung wurde. Das ging so weit, daß in der Leopoldstadt zwischen dem VSM und einem deklariert jüdischen Verein kaum ein Unterschied bestand; es gab in vielen Gruppen oft nur zwei bis drei Parade„gojim". In der Leopoldstädter Arbeiterbewegung gaben überhaupt die Juden den Ton an – und das im wahrsten Sinn des Wortes. Denn auch die nichtjüdischen Funktionäre des Bezirks waren bei sozialistischen Parteiveranstaltungen an ihrer mit jiddischen Ausdrücken durchsetzten Sprache zu erkennen, die sie ganz unbewußt von den zahlreichen jüdischen Genossen übernommen hatten.

Auch linke Zionisten verstanden sich als Teil dieser Bewegung und schlossen sich vor allem später, in den frühen dreißiger Jahren, mit Sozialisten und Kommunisten in Aktionskomitees zusammen, um gemeinsam gegen die immer frecher werdenden Hakenkreuzler vorzugehen. Auch wenn sie sich hier engagierten, schwebte ihnen doch allen die Auswanderung nach Palästina vor, wo sie eine jüdisch-sozialistische Gesellschaft zu errichten gedachten: der „Jüdischen Sozialistischen Arbeiterjugend", die ihre Schulungsgespräche bei Sonntagsspaziergängen entlang des Donaukanals abhielt, dem „Schomer Hazair", der radikale Werbeveranstaltungen im „Bayrischen Hof" durchführte, und der „Poale Zion", den „Arbeitern Zions", die ihr Parteilokal in dem berühmt gewordenen Eckhaus Blumauergasse 1 hatten. Dieses Parteilokal lag nämlich im ersten Stock, gleich links von der Treppe – und gegenüber, auf der rechten Seite, war die „Blumauerzelle" der Kommunisten. Wohl kaum ein anderer Ort in der Leopoldstadt konnte das Links-Jugendbewegte der Wiener Juden besser zusammenfassen als dieses Haus: Wenn zwei Brüder dort die Stiegen hinaufkletterten und sich dann nach verschiedenen Seiten wandten, so wurde dabei nicht nur ein persönlicher Bruderzwist deutlich, sondern auch das allgemeine Assimilationsgefälle, in das das ganze österreichische Judentum verstrickt war – hier war einer n o c h Zionist und der andere s c h o n Kommunist.

Linke Zionisten bereiteten sich auch praktisch auf ein neues Leben im Land Israel vor: Aus der Not der Arbeitslosigkeit machten sie eine Tugend und schlossen sich zu „Stadtkibuzzim" zusammen, um schon in der Leopoldstadt, in der Haas- oder der Rotensterngasse, das kollektive Leben der erträumten Zukunft zu proben.

Jugendbewegt waren nicht nur die Linken. Wenn

sich der Schriftsteller Jakov Lind seiner Jugend bei der „Judenstaatspartei" im 2. Bezirk erinnert, schwärmt er vom „feschen Käppi, der Pfeiferlschnur und dem Lederzeug" – einer Uniform, mit der eben auf andere Art der verstaubten Welt der Alten und dem Mief der Kaffeehäuser entflohen werden sollte.

Ob junge Juden paramilitärisch im „Betar" organisiert waren und vom Land Israel beiderseits des Jordan träumten, ob sie sich beschaulich-fromm in der religiösen Vereinigung „Misrachi" trafen, ob sie einer der sozialistischen Schattierungen – von den Kommunisten, die in der Leopoldstadt ihre stärkste Basis hatten, bis zu den Linkszionisten – angehörten: Der ganzen jüdischen Jugend, ja der ganzen Zeit haftete ein im Rückblick unbegreiflicher Optimismus an.

Aber nicht alles war damals so eitel Wonne, wie es sich noch in der verklärenden Erinnerung so mancher Zeitgenossen darstellt. Wenn sich heute ein Jude aus der Leopoldstadt nach den schrecklichen Jahren der Verfolgung und den bitteren des Exils kaum an antisemitische Ausschreitungen erinnert – „In anderen Bezirken vielleicht. Aber zu uns haben sich die Hakenkreuzler nicht hineingetraut!" –, so verdrängt er, was Zeitungsmeldungen von damals eindeutig belegen.

An den Ostjuden erprobten die Antisemiten zuallererst ihre Waffen. Schon im Sommer 1919 fühlte sich der „Deutschösterreichische Schutzverein Antisemitenbund" bemüßigt, ausgerechnet in der Wiener Leopoldstadt eine Kundgebung zu veranstalten. Mehr oder minder versteckte, oft aber auch ganz offene Pogromaufrufe gehörten ebenso zur Tagesordnung wie der Bummel von mit Spazierstöcken bewaffneten Antisemiten entlang der Donaukanal-Brücken. Und der Erlaß des Sozialdemokraten Sever, alle Flüchtlinge abzuschieben, erwies sich zwar als undurchführbar, heizte die Stimmung aber weiter an – überhaupt gab es von seiten dieser Partei nie eine dezidierte Absage an den Antisemitismus. Zu Beginn der Republik schloß sich eine „Jüdische Selbstwehr" aus Jugendlichen und jüdischen Frontkämpfern zusammen, die den Bezirk abmarschierte, um Präsenz zu dokumentieren.

Spätestens seit 1925 waren Nazis und andere Völkische bemüht, gerade in der Leopoldstadt ihre Zeitungen zu kolportieren, um die nichtjüdische Bevölkerung gegen ihre Nachbarn aufzuhetzen. Eine im August dieses Jahres veranstaltete Kundgebung von Sozialisten und Kommunisten am Praterstern, die gegen solche Provokationen protestierte, endete tragisch: Ein völlig unpolitischer polizeibekannter Gewalttäter schloß sich aus Rauflust der Demonstration an und erstach den Deutschnationalen Josef Mohapl. „Christenpogrom in der Leopoldstadt" jubilierte die rechte Presse. Unter den Nazis hieß dann die Tempelgasse „Mohaplgasse".

Von da an trauten sich auch Nazi-Schlägertrupps in die „jüdische" Leopoldstadt; bei einem ihrer spektakulären Überfälle zertrümmerten sie im Dezember 1929 das hochelegante, als „Judencafé" verschriene Café Produktenbörse. Hatte es sich dabei angeblich noch um einen Irrtum gehandelt – die Nazis wollten ja eigentlich „nur" eine Veranstaltung stören, die freilich neben dem Kaffeehaus stattgefunden hatte –, so schlugen sie wenige Jahre später bereits gezielt zu und gaben damit einen Vorgeschmack auf alles Weitere: Zum jüdischen Neujahrsfest im Oktober 1932 stürmten sie das Café Sperl in der Großen Sperlgasse, wo ein Behelfsbethaus eingerichtet war; sie schlugen mit Stahlruten auf die Betenden ein und zertrümmerten die Einrichtung.

Spätestens das war der Anfang vom Ende.

5

Vielleicht schienen den Juden die Exzesse nach dem Anschluß im März 1938 noch ein letztes Kapitel des gewohnten Antisemitismus zu sein. Schließlich hatte sie die Logik ihrer Geschichte gelehrt, daß Pogrome kommen, aber auch wieder vergehen.

Wie lange würden sich die Wiener schon an bodenreibenden Rabbinern ergötzen oder an Greisen, die in der Hauptallee Kniebeugen abzuleisten hatten, oder an Frauen, die in der Taborstraße ihre eigenen Perücken in Brand stecken mußten? Hat sich die Volkswut genügend Luft verschafft, so besänftigt sie sich auch wieder. Und vom Bodenreiben stirbt man nicht.

Mit Kübel und Zahnbürste jedoch begann das erste Kapitel moderner Herrschaft, wo Täter und Opfer so lange ihrer menschlichen Eigenschaften beraubt, so lange abgerichtet werden, bis sie reibungslos hinrichten und sich hinrichten lassen.

Kübel und Zahnbürste und lachende Gesichter beendeten die Lokalgeschichte der Mazzesinsel ein für allemal.

6

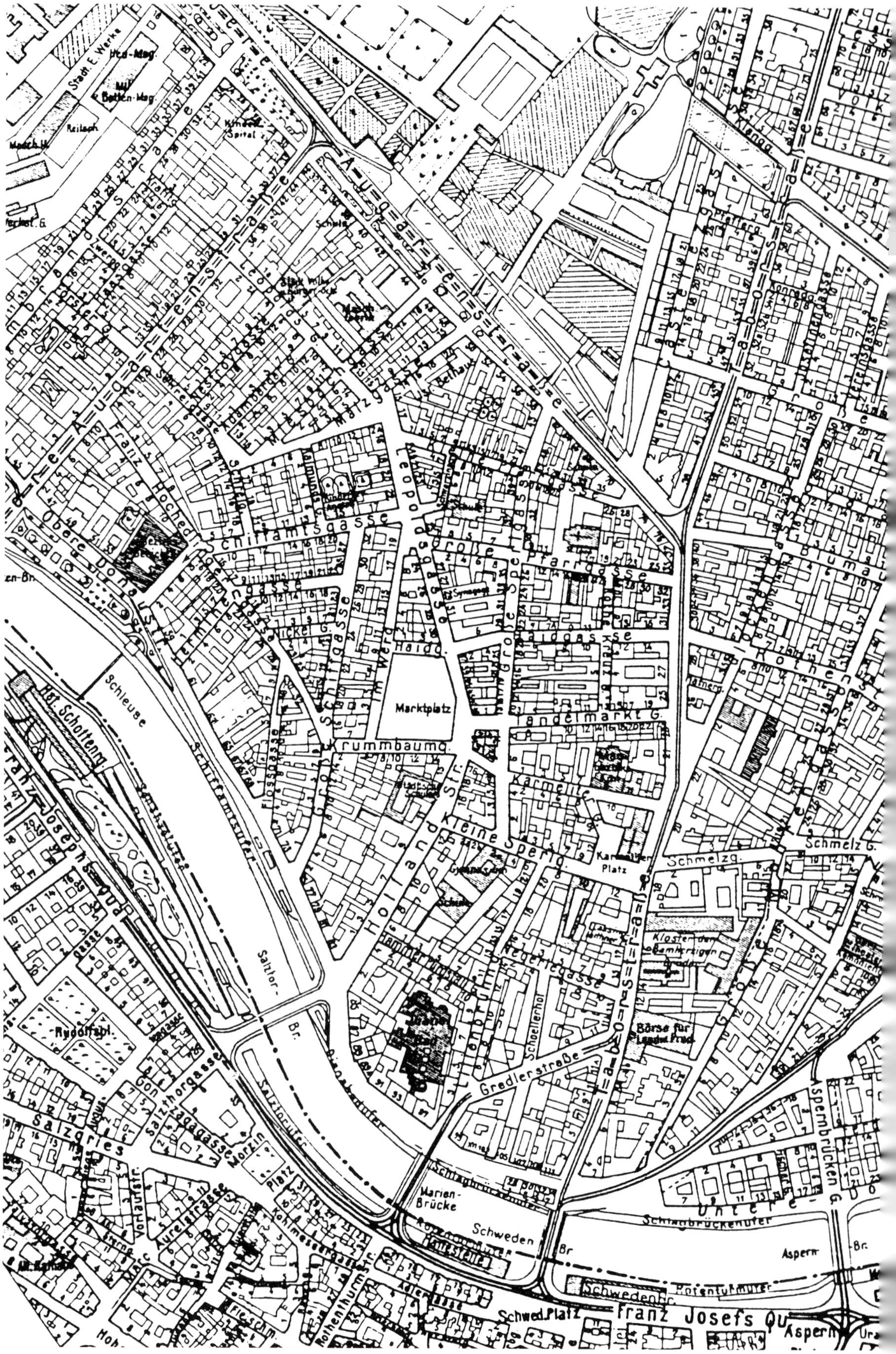
Marktplatz
Schleuse
Karmeliter Platz
Schmelzg.
Schmelz G.
Marien-Brücke
Schweden Br.
Aspern Br.
Franz Josefs Qu
Schwed.Platz
Gredlerstraße
Börse für Landw. Prod.
Kloster der Barmherzigen Brüder
Krummbaumg.
Schiffamtsgasse
Große Pfarrgasse
Haidgasse
Kleine Sperlg.
Salzgries
Salztorgasse
Rudolfspl.
Morzin Platz
Schwedenbr.
Flossgasse
Schoellerhof
Sperlbrücken G.

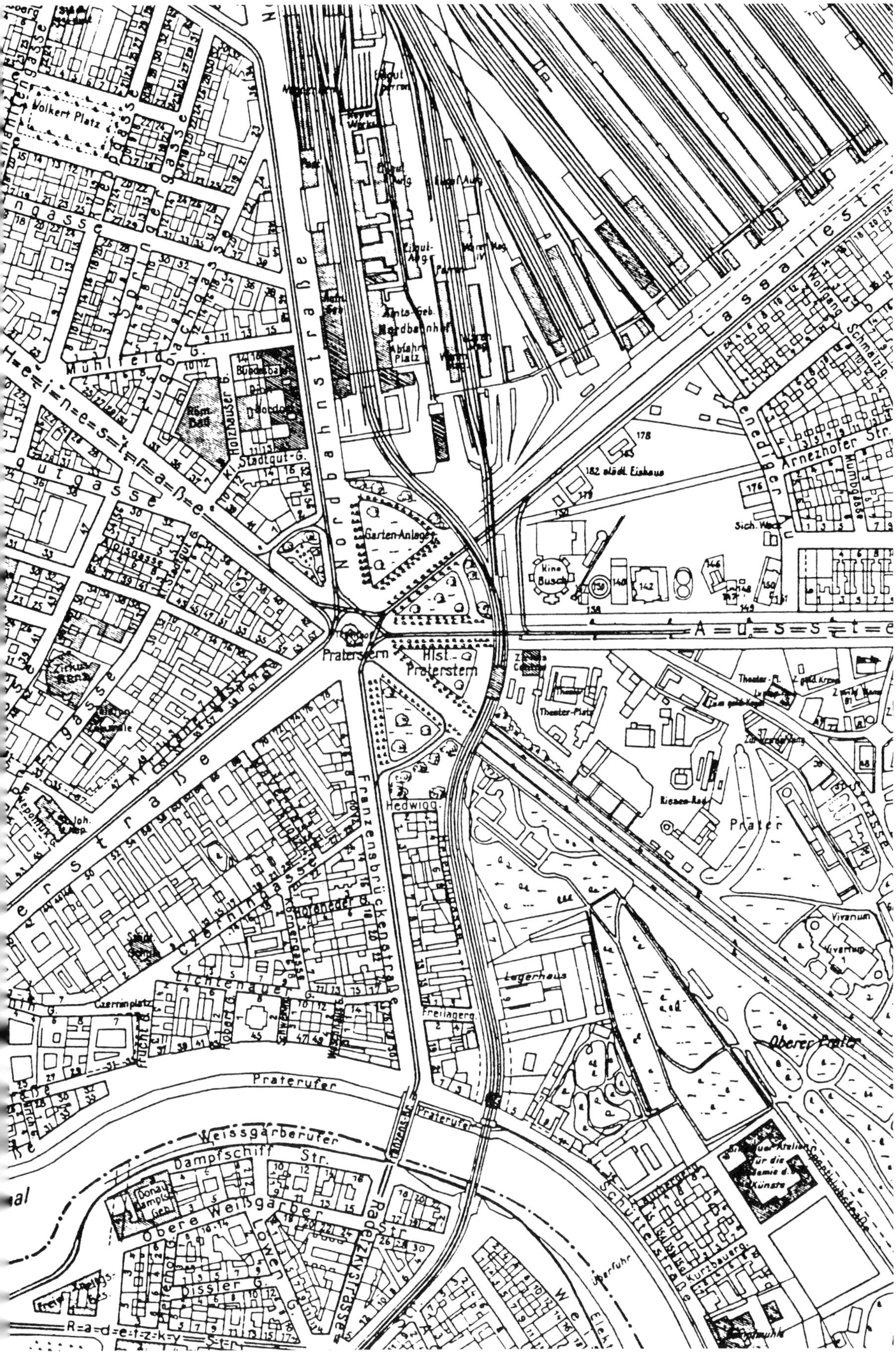

Plan der Leopoldstadt um 1927

Juden auf Wanderschaft

Wien

Joseph Roth

1

Die Ostjuden, die nach Wien kommen, siedeln sich in der Leopoldstadt an, dem zweiten der zwanzig Bezirke. Sie sind dort in der Nähe des Praters und des Nordbahnhofs. Im Prater können Hausierer leben – von Ansichtskarten für die Fremden und vom Mitleid, das den Frohsinn überall zu begleiten pflegt. Am Nordbahnhof sind sie alle angekommen, durch seine Hallen weht noch das Aroma der Heimat, und es ist das offene Tor zum Rückweg.

Die Leopoldstadt ist ein freiwilliges Getto. Viele Brücken verbinden sie mit den anderen Bezirken der Stadt. Über diese Brücken gehen tagsüber die Händler, die Hausierer, Börsenmakler, Geschäftemacher, also alle unproduktiven Elemente des eingewanderten Ostjudentums. Aber über dieselben Brücken gehen in den Morgenstunden auch die Nachkommen derselben unproduktiven Elemente; die Söhne und Töchter der Händler, die in den Fabriken, Büros, Banken, Redaktionen und Werkstätten arbeiten.

Die Söhne und Töchter der Ostjuden sind produktiv. Mögen die Eltern schachern und hausieren. Die Jungen sind die begabtesten Anwälte, Mediziner, Bankbeamten, Journalisten, Schauspieler.

Die Leopoldstadt ist ein armer Bezirk. Es gibt kleine Wohnungen, in denen sechsköpfige Familien wohnen. Es gibt kleine Herbergen, in denen fünfzig, sechzig Leute auf dem Fußboden übernachten.

Im Prater schlafen die Obdachlosen. In der Nähe der Bahnhöfe wohnen die Ärmsten aller Arbeiter. Die Ostjuden leben nicht besser als die christlichen Bewohner dieses Stadtteils.

Sie haben viele Kinder, sie sind an Hygiene und Sauberkeit nicht gewöhnt, und sie sind gehaßt.

Niemand nimmt sich ihrer an. Ihre Vettern und Glaubensgenossen, die im ersten Bezirk in den Redaktionen sitzen, sind »schon« Wiener, und wollen nicht mit Ostjuden verwandt sein oder gar verwechselt werden. Die Christlichsozialen und

Der Nordbahnhof 1927. In der Halle des einst größten Bahnhofs von Wien stand die Marmorstatue von Salomon Mayer Freiherr von Rothschild, dem Gründer der Nordbahn.

Deutschnationalen haben den Antisemitismus als wichtigen Programmpunkt. Die Sozialdemokraten fürchten den Ruf einer »jüdischen Partei«. Die Jüdischnationalen sind ziemlich machtlos. Außerdem ist die jüdisch-nationale Partei eine bürgerliche. Die große Masse der Ostjuden aber ist Proletariat.

Die Ostjuden sind auf die Unterstützung durch die bürgerlichen Wohlfahrtsorganisationen angewiesen. Man ist geneigt, die jüdische Barmherzigkeit höher einzuschätzen, als sie verdient. Die jüdische Wohltätigkeit ist ebenso eine unvollkommene Einrichtung wie jede andere. Die Wohltätigkeit befriedigt in erster Linie die Wohltäter. In einem jüdischen Wohlfahrtsbüro wird der Ostjude von seinen Glaubensgenossen und sogar von seinen Landsleuten oft nicht besser behandelt als von Christen. Es ist furchtbar schwer, ein Ostjude zu sein; es gibt kein schwereres Los als das eines fremden Ostjuden in Wien.

2

Wenn er den zweiten Bezirk betritt, grüßen ihn vertraute Gesichter. Grüßen sie ihn? Ach, er sieht sie nur. Die schon vor zehn Jahren hierhergekommen sind, lieben die Nachkommenden gar nicht. Noch einer ist angekommen. Noch einer will verdienen. Noch einer will leben.

Das Schlimmste: daß man ihn nicht umkommen lassen kann. Er ist kein Fremder. Er ist ein Jude und ein Landsmann.

Irgend jemand wird ihn aufnehmen. Ein anderer wird ihm ein kleines Kapital vorstrecken oder Kredit verschaffen. Ein dritter wird ihm eine »Tour« abtreten oder zusammenstellen. Der Neue wird ein Ratenhändler.

Der erste, schwerste Weg führt ihn ins Polizeibüro.

Hinter dem Schalter sitzt ein Mann, der die Juden im allgemeinen und die Ostjuden im besonderen nicht leiden mag.

Dieser Mann wird Dokumente verlangen. Unwahrscheinliche Dokumente. Niemals verlangt man von christlichen Einwanderern derlei Dokumente. Außerdem sind christliche Dokumente in Ordnung. Alle Christen haben verständliche, europäische Namen. Juden haben unverständliche und jüdische. Nicht genug daran: sie haben zwei und drei durch ein »false« oder ein »recte« verbundene Familiennamen. Man weiß niemals, wie sie heißen. Ihre Eltern sind nur vom Rabbiner getraut worden. Diese Ehe hat keine gesetzliche Gültigkeit. Hieß der Mann Weinstock und die Frau Abramofsky, so hießen die Kinder dieser Ehe: Weinstock recte Abramofsky oder auch Abramofsky false Weinstock. Der Sohn wurde auf den jüdischen Vornamen Leib Nachman getauft. Weil dieser Name aber schwierig ist und einen aufreizenden Klang haben könnte, nennt sich der Sohn Leo. Er heißt also: Leib Nachman genannt Leo Abramofsky false Weinstock.

Solche Namen bereiten der Polizei Schwierigkeiten. Die Polizei liebt keine Schwierigkeiten. Wären es nur die Namen. Aber auch die Geburtsdaten stimmen nicht. Gewöhnlich sind die Papiere verbrannt. (In kleinen galizischen, litauischen und ukrainischen Orten hat es in den Standesämtern immer gebrannt.) Alle Papiere sind verloren. Die Staatsbürgerschaft ist nicht geklärt. Sie ist nach dem Krieg und der Ordnung von Versailles noch verwickelter geworden. Wie kam jener über die Grenze? Ohne Paß? Oder gar mit einem falschen?

Auf dem Mathildenplatz, heute Gaußplatz. Um 1915

Blick von der Innenstadt über den Donaukanal im Jahre 1902: Die Häuser An der Brücke 3, 5 und 7 (heute nicht mehr vorhanden) und die Untere Donaustraße mit der Ferdinandbrücke (1920 in Schwedenbrücke umbenannt); an der Ecke das Café Reclame

Dann heißt er also nicht so, wie er heißt, und obwohl er so viele Namen angibt, die selbst gestehen, daß sie falsch sind, sind sie auch wahrscheinlich noch objektiv falsch. Der Mann auf den Papieren, auf dem Meldezettel ist nicht identisch mit dem Mann, der soeben angekommen ist. Was kann man tun? Soll man ihn einsperren? Dann ist nicht der Richtige eingesperrt. Soll man ihn ausweisen? Dann ist ein Falscher ausgewiesen. Aber wenn man ihn zurückschickt, damit er neue Dokumente, anständige, mit zweifellosen Namen bringe, so ist jedenfalls nicht nur der Richtige zurückgeschickt, sondern auch eventuell aus einem Unrichtigen ein Richtiger gemacht worden.

Man schickt ihn also zurück, einmal, zweimal, dreimal. Bis der Jude gemerkt hat, daß ihm nichts anderes übrigbleibt, als falsche Daten anzugeben, damit sie wie ehrliche aussehen. Bei einem Namen zu bleiben, der vielleicht nicht sein eigener, aber doch ein zweifelloser, glaubwürdiger Namen ist. Die Polizei hat den Ostjuden auf die gute Idee gebracht, seine echten, wahren, aber verworrenen Verhältnisse durch erlogene, aber ordenliche zu kaschieren.

Und jeder wundert sich über die Fähigkeit der Juden, falsche Angaben zu machen. Niemand wundert sich über die naiven Forderungen der Polizei.

3

Man kann ein Hausierer oder Ratenhändler sein.

Ein Hausierer trägt Seife, Hosenträger, Gummiartikel, Hosenknöpfe, Bleistifte in einem Korb, den er um den Rücken umgeschnallt hat. Mit diesem kleinen Laden besucht man verschiedene Cafés und Gasthäuser. Aber es ist ratsam, sich vorher zu überlegen, ob man gut daran tut, hier und dort einzukehren.

Die Untere Donaustraße an der Ferdinandbrücke; dieses Eckhaus beherbergte das Café Spitzer und darüber das Restaurant Tonello.

Auch zu einem einigermaßen erfolgreichen Hausierer gehört eine jahrelange Erfahrung. Man geht am sichersten zu Piowati, um die Abendstunden, wenn die vermögenden Leute koschere Würste mit Kren essen. Schon der Inhaber ist es dem jüdischen Ruf seiner Firma schuldig, einen armen Hausierer mit einer Suppe zu bewirten. Das ist nun auf jeden Fall ein Verdienst. Was die Gäste betrifft, so sind sie, wenn bereits gesättigt, sehr wohltätiger Stimmung. Bei niemandem hängt die Güte so innig mit der körperlichen Befriedigung zusammen wie beim jüdischen Kaufmann. Wenn er gegessen hat und wenn er gut gegessen hat, ist er sogar imstande, Hosenträger zu kaufen, obwohl er sie selbst in seinem Laden führt. Meist wird er gar nichts kaufen und ein Almosen geben.

Man darf natürlich nicht etwa als der sechste Hausierer zu Piowati kommen. Beim dritten hört die Güte auf. Ich kannte einen jüdischen Hausierer, der alle drei Stunden in denselben Piowati-Laden eintrat. Die Generationen der Esser wechseln alle drei Stunden. Saß noch ein Gast von der alten Generation, so mied der Hausierer dessen Tisch. Er wußte genau, wo das Herz aufhört und wo die Nerven beginnen.

In einem ganz bestimmten Stadium der Trunkenheit sind auch die Christen gutherzig. Man kann also am Sonntag in die kleinen Schenken und in die Cafés der Vororte eintreten, ohne Schlimmes zu befürchten. Man wird ein wenig gehänselt und beschimpft werden, aber so äußert sich eben die

Gutmütigkeit. Besonders Witzige werden den Korb wegnehmen, verstecken und den Hausierer ein wenig zur Verzweiflung bringen. Er lasse sich nicht erschrecken! Es sind lauter Äußerungen des goldenen Wiener Herzens. Ein paar Ansichtskarten wird er schließlich verkaufen.

Alle seine Einnahmen reichen nicht aus, ihn selbst zu ernähren. Dennoch wird der Hausierer Frau, Töchter und Söhne zu erhalten wissen. Er wird seine Kinder in die Mittelschule schicken, wenn sie begabt sind, und Gott will, daß sie begabt sind. Der Sohn wird einmal ein berühmter Rechtsanwalt sein, aber der Vater, der so lange hausieren mußte, wird weiter hausieren wollen. Manchmal fügt es sich, daß die Urenkel des Hausierers christlichsoziale Antisemiten sind. Es hat sich schon oft so gefügt.

4

Welch ein Unterschied zwischen einem Hausierer und einem Ratenhändler? Jener verkauft für bares Geld und dieser auf Ratenzahlung. Jener braucht eine kleine Tour und dieser eine große. Jener fährt nur mit der Vorortebahn und dieser auch mit der großen Eisenbahn. Aus jenem wird niemals ein Kaufmann, aus diesem vielleicht.

Der Ratenhändler ist nur in einer Zeit der festen Valuta möglich. Die große Inflation hat allen Ratenhändlern die traurige Existenz genommen. Sie sind Valutenhändler geworden.

Auch einem Valutenhändler ging es nicht gut. Kaufte er rumänische Lei, so fielen sie an der Börse. Verkaufte er sie, fingen sie an zu steigen. Wenn der Dollar in Berlin hoch stand, die Mark in Wien ebenfalls, so fuhr der Valutenhändler nach Berlin, Mark einkaufen. Er kam nach Wien zurück, um für die hohe Mark Dollar einzukaufen. Dann fuhr er mit den Dollars nach Berlin, um noch mehr Mark einzukaufen. Aber so schnell fährt keine Eisenbahn, wie eine Mark fällt. Ehe er nach Wien kam, hatte er schon die Hälfte.

Der Valutenhändler hätte mit allen Börsen der Welt in telephonischer Verbindung stehen müssen, um wirklich zu verdienen. Er aber stand nur mit einer schwarzen Börse seines Aufenthaltsortes in Verbindung. Man hat die Schädlichkeit, aber auch die Informiertheit der schwarzen Börse gewaltig überschätzt. Noch schwärzer als die schwarze Börse war die offizielle, schneeweiße, in Unschuld prangende und von der Polizei geschützte. Die schwarze Börse war die schmutzige Konkurrenz einer schmutzigen Institution. Die Valutenhändler waren die gescholtenen Konkurrenten der ehrenhaft genannten Banken.

Nur die wenigsten kleinen Valutenhändler sind wirklich reich geworden.

Die meisten sind heute wieder, was sie gewesen sind: arme Ratenhändler.

5

Die Kunden des Ratenhändlers sind Leute, die kein Geld besitzen, aber ein Einkommen. Studenten, kleine Beamte, Arbeiter. Jede Woche kommt der Ratenhändler zu den Kunden, einkassieren und neue Ware verkaufen. Da der Bedarf der kleinen Leute groß ist, kaufen sie verhältnismäßig viel. Da ihr Einkommen sehr gering ist, zahlen sie verhältnismäßig wenig. Der Ratenhändler weiß nicht, worüber er sich freuen soll: über den steigenden Absatz oder über den fallenden. Je mehr er verkauft, desto langsamer bekommt er sein Geld.

Soll er die Preise erhöhen? Dann gehen die Leute in das nächste Warenhaus, deren es jetzt in allen kleinen Städten einige gibt. Der Ratenhändler ist für sie billiger, weil er die Eisenbahn bezahlt, die sie sonst bezahlen müssen. Mit ihm kommt das Warenhaus zu den Kunden. Er ist bequemer.

Infolgedessen ist sein Leben unbequem. Wenn er die Eisenbahn ersparen will, muß er, schwer bepackt, zu Fuß gehen. Also geht er langsam. Dabei kommt er nicht überall zurecht. Er muß Sonntag bei allen sein, die ihm Geld schuldig sind. Der Lohn ist Sonnabend bezahlt worden, er ist also Montag nicht mehr vorhanden. Fährt der Ratenhändler aber Eisenbahn, so zahlt er auf jeden Fall, er kommt auch überall zurecht, aber sehr oft ist der Wochenlohn schon am Sonntag nicht mehr vorhanden.

So sind die jüdischen Schicksale.

6

Was kann ein Ostjude sonst werden? Ist er Arbeiter, so nimmt ihn keine Fabrik. Es gibt viele heimische

Hinterhof einer Mietskaserne in der Stuwerstraße. 1926

Arbeitslose. Aber selbst, wenn es sie nicht gäbe – man nimmt nicht einmal christliche Ausländer, geschweige denn jüdische.

Es gibt auch ostjüdische Handwerker. In der Leopoldstadt und in der Brigittenau leben viele ostjüdische Herrenschneider. Die Juden sind begabte Schneider. Aber es ist ein Unterschied, ob man ein Lokal, einen »Modesalon« im ersten Bezirk, in der Herrengasse hat oder eine Werkstatt in der Küche eines Hauses in der Kleinen Schiffgasse.

Wer kommt in die Kleine Schiffgasse? Wer nicht gezwungen ist hinzugehen, der geht lieber an ihr vorbei. In der Kleinen Schiffgasse riecht es nach Zwiebeln und Petroleum, nach Hering und Seife, nach Spülwasser und Hausrat, nach Benzin und Kochtöpfen, nach Schimmel und Delikatessen. Schmutzige Kinder spielen in der Kleinen Schiffgasse. Man staubt Teppiche an offenen Fenstern und lüftet Betten. Flaumfedern schwimmen in der Luft.

In so einer Gasse wohnt der jüdische kleine Schneider. Aber wäre es nur die Gasse! Seine Wohnung besteht aus einem Zimmer und einer Küche. Und nach den rätselhaften Gesetzen, nach denen Gott die Juden regiert, hat ein armer ostjüdischer Schneider sechs und mehr Kinder, aber nur selten einen Gehilfen. Die Nähmaschine rasselt, das Bügeleisen steht auf dem Nudelbrett, auf dem Ehebett nimmt er Maß. Wer sucht einen solchen Schneider auf?

Er »zehrt« nicht »am Mark der Eingeborenen«, der ostjüdische Schneider. Er lockt keinen Kunden dem christlichen Schneider weg. Er kann zuschneiden, seine Arbeit ist vorzüglich. Vielleicht wird er nach zwanzig Jahren einen wirklichen Modesalon im ersten Bezirk, in der Herrengasse haben. Aber dann wird er ihn auch redlich verdient haben. Auch Ostjuden sind keine Zauberer. Was sie erreichen, kostet Mühsal, Schweiß und Not.

7

Wenn ein Ostjude viel Glück und Geld hat, kann er unter Umständen eine »Konzession« erhalten und einen Laden aufmachen. Seine Kunden sind die kleinen, armen Leute des Viertels. Zum Beispiel der oben geschilderte Herrenschneider. Der zahlt nicht bar, er hat Kredit. Das sind die »Geschäfte« der Ostjuden.

Es gibt ostjüdische Intellektuelle. Lehrer, Schreiber und so weiter. Es gibt auch Almosenempfänger. Verschämte Bettler. Straßenbettler. Musikanten. Zeitungsverkäufer. Sogar Stiefelputzer.

Und sogenannte »Lufthändler«. Händler mit »Luftware«. Die Ware liegt noch irgendwo in Ungarn auf einem Bahnhof. Sie liegt aber gar nicht auf dem ungarischen Bahnhof. Sie wird am Franz-Josephs-Kai gehandelt.

Es gibt ostjüdische Betrüger. Freilich: Betrüger! Aber es gibt auch westeuropäische Betrüger.

8

Die zwei großen Straßen der Leopoldstadt sind: die Taborstraße und die Praterstraße. Die Praterstraße ist beinahe herrschaftlich. Sie führt direkt ins Vergnügen. Juden und Christen bevölkern sie. Sie ist glatt, weit und hell. Sie hat viele Cafés.

Viele Cafés sind auch in der Taborstraße. Es sind jüdische Cafés. Ihre Besitzer sind meist jüdisch, ihre Gäste fast durchwegs. Die Juden gehen gerne ins Kaffeehaus, um Zeitung zu lesen, Tarock und Schach zu spielen und Geschäfte zu machen.

Juden sind gute Schachspieler. Sie haben auch christliche Partner. Ein guter christlicher Schachspieler kann kein Antisemit sein.

In den jüdischen Cafés gibt es stehende Gäste. Sie bilden im wahren Sinne des Wortes die »Laufkundschaft«. Sie sind Stammgäste, ohne Speise und Trank einzunehmen. Sie kommen achtzehnmal im Lauf eines Vormittags ins Lokal. Das Geschäft erfordert es.

Sie verursachen viel Geräusch. Sie sprechen eindringlich, laut und ungezwungen. Weil alle Besucher Menschen von Welt und guten Manieren sind, fällt niemand auf, obwohl er auffällig ist.

In einem echten jüdischen Kaffeehaus kann man den Kopf unter den Arm nehmen. Niemand kümmert sich darum.

Auf dem Mathildenplatz. Um 1915

Chemische
Putzerei
RESTAURANT

Der langjährige Gönner eines berufsmäßigen Schnorrers ertappt diesen, wie er sich bei Tonello den Bauch vollstopft, und das unmittelbar nachdem er seine wöchentliche „Rente“ erhalten hat. Aufgebracht stellt der Reiche den Armen zur Rede: „Was verschwenden Sie da mein Geld?“ Daraufhin entrüstet sich der Schnorrer: „Hab ich k e i n Geld, k a n n ich nicht bei Tonello essen; h a b ich Geld, d a r f ich nicht bei Tonello essen; ja wann s o l l ich dann bei Tonello essen?“

9

Der Krieg hat viele ostjüdische Flüchtlinge nach Wien gebracht. Solange ihre Heimat besetzt war, gab man ihnen »Unterstützungen«. Man schickte ihnen nicht etwa das Geld nach Haus. Sie mußten in den kältesten Wintertagen, in den frühesten Nachtstunden anstehen. Alle: Greise, Kranke, Frauen, Kinder.

Sie schmuggelten. Sie brachten Mehl, Fleisch, Eier aus Ungarn. Man sperrte sie in Ungarn ein, weil sie die Nahrungsmittel aufkauften. Man sperrte sie in Österreich ein, weil sie nichtrationierte Lebensmittel ins Land brachten. Sie erleichterten den Wienern das Leben. Man sperrte sie ein.

Nach dem Krieg wurden sie, zum Teil gewaltsam, repatriiert. Ein sozialdemokratischer Landeshauptmann ließ sie ausweisen. Für Christlichsoziale sind's Juden. Für Deutschnationale sind sie Semiten. Für Sozialdemokraten sind sie unproduktive Elemente.

Sie aber sind arbeitslose Proletarier. Ein Hausierer ist ein Proletarier.

Wenn er nicht mit den Händen arbeitet, so schafft er mit den Füßen. Wenn er keine bessere Arbeit findet, so ist es nicht seine Schuld. Wozu diese Selbstverständlichkeiten? Wer glaubt das Selbstverständliche?

Blick vom Riesenrad nach Norden: links Nordbahnhof und Zirkus Busch-Kino (kenntlich an der Kuppel), damals mit 2000 Sitzplätzen Wiens größtes Kino; im Vordergrund einige Etablissements des „Wurstelpraters“. Dieser war entstanden, nachdem der Prater im 18. Jahrhundert vom Kaiser für das Volk geöffnet worden war und man an seinem Eingang Erfrischungszelte und Puppentheater aufgestellt hatte. Die beliebtesten Puppenspielfiguren waren der „Jud“ und der „Wurstel“, der stets mit einem eisernen Hammer bewaffnet auftrat,

um ersterem bei jeder Gelegenheit eine aufs Haupt zu geben und ihn schließlich mausetot zu schlagen.
Um 1930

Mittagessen am Sockel der Karmeliteruhr. 1919

Im Kabinett

Manès Sperber

Es gab Tausende von Flüchtlingen in der unmittelbaren Nachbarschaft, deren Lage der unseren recht ähnlich war. Sie war zu schlecht, um dauern zu können, deshalb bezog man schon wieder jenen halb ironischen, jedoch wirksamen Trost aus der Gewißheit, daß der tiefste Fall nichts anderes sein konnte als die Vorstufe zum Wiederaufstieg und daß das Schlimmste den sozusagen dialektischen Beginn der Besserung bedeutete.

Wie im Städtel stand die Tür bei uns immer offen, zu jeder Stunde gingen die Besucher ein und aus, selten kamen wir vor Mitternacht ins Bett. Die Kohle reichte gerade für die Beheizung eines einzigen Raumes, des kleinsten, des Kabinetts. Die Überfüllung dieses schmalen Halbzimmers tat der Geselligkeit keinen Abbruch. Man süßte den Tee, der immer dünner wurde, mit Saccharin und trank ein Glas nach dem andern; man diskutierte zumeist heftig und stritt sehr selten, weil sich immer ein Witzwort einstellte, das rechtzeitig die Spannung lockerte. Die Eltern und ihre Besucher mochten sich leicht einbilden, daß sich einerseits für sie nichts geändert hätte und daß anderseits dieser Zustand nicht dauern konnte.

Herminengasse 12: fensterlose Kammer im hinteren Teil eines Gassenlokals

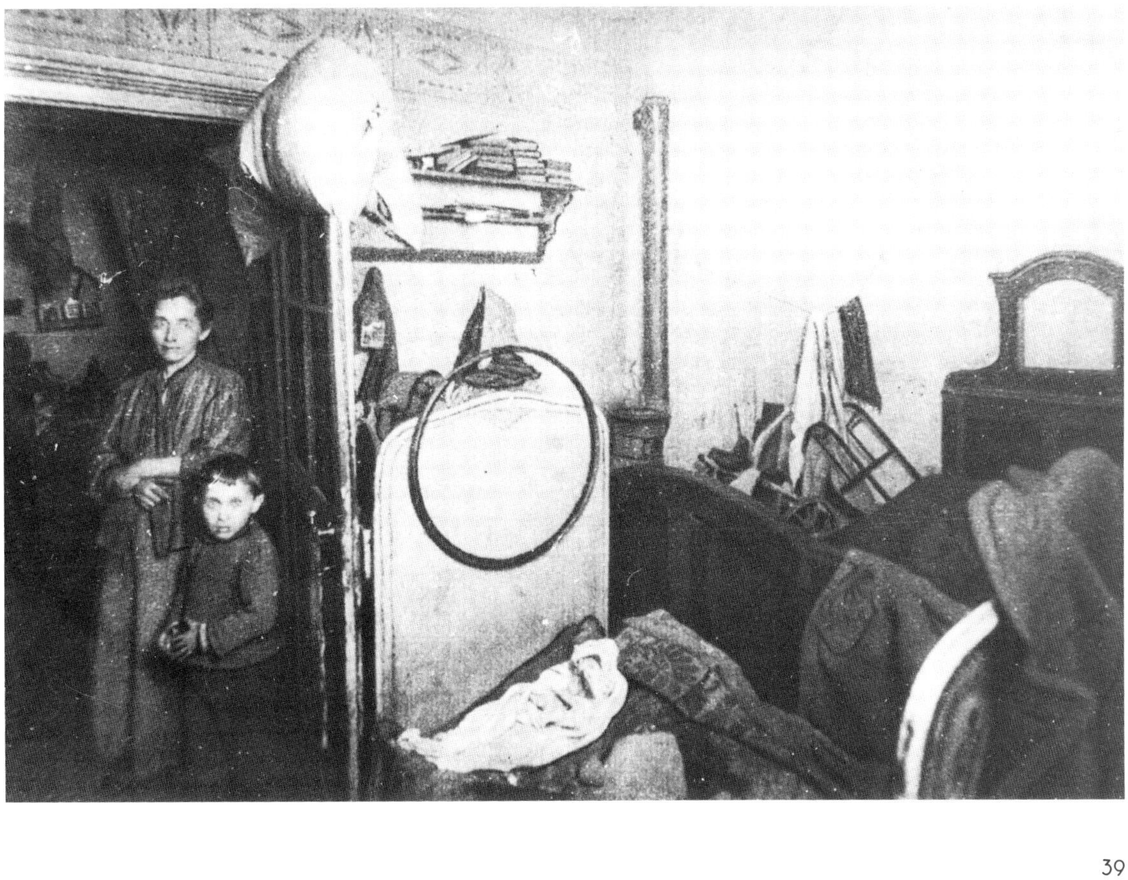

Jüdische Proletarierwohnung

Beide Aufnahmen 1919

Die Insel

Otto Abeles

Eine nüchterne Straße in der Nähe der Bahnhöfe des zweiten Bezirkes. Vorabend. Die Elektrische jagt dahin, Staubwolken aufwirbelnd. Trupps von Urlaubern wandern von einem Bahnhof zum anderen, Lastautomobile poltern über das Pflaster, Fabriksmädchen, Eisenbahnarbeiter kehren heim, vor den Toren der Zinskasernen spielen bloßfüßige Kinder.

Einer Wohnung im Erdgeschoß eines dieser großen, grauen, schmutzigen Häuser streben polnische Juden zu. Ich trete ein. Die Fenster sind dicht verhängt, schwüle, dicke Luft. Auf dem Herd der Küche brennen zahllose Jahrzeitlichter in kleinen Gläsern, in den beiden Zimmern stehen, sitzen dicht gedrängt fromme Beter, klopfen sich an die Brust, wiegen den Körper hin und her. Fast durchaus alte Männer. Leises Murmeln, das zeitweise zu heiserem, hartem, trockenem Rufen anschwillt.

Nun sind alle mit dem Gebete fertig und warten, bis das Haupt der Gemeinde, der Rabbi, der seitwärts an der Ostwand einen gesonderten Platz hat und stumm – nur mitunter leise aufrufend – über dem Folianten gebeugt ist, den Körper aufrichtet.

Die beiden Räume haben sich indessen noch dichter gefüllt, Soldaten kommen hinzu, denen der Gebetmantel gereicht wird.

Nun reckt alles die Köpfe. Einige Greise neigen sich seitwärts, den Ellenbogen am Gebetpult gestützt, die Hand hinter der Ohrmuschel, die Augen geschlossen, verhalten lauschend.

Dort vorne, vor dem improvisierten Altar, beginnt ein Häuflein unter einem alten, vergilbten Gebetmantel zu beben, hebt sich und sinkt zusammen, um sich wieder zu wölben und hinaufzuwinden.

Aus diesem Häuflein klingt ein zartes, gedämpftes Lied, wie aus Märchenfernen.

Da reckt sich mit einem eine Hand mit fünf ausdrucksvollen Fingern aus dem Häuflein, scharf, knochig, reißt gleichsam die Melodie in die Höhe, daß sie den Raum erfüllt, schwingt sie hin und her mit Leidenschaft und Inbrunst und breitet eine wundersame, tiefinnige Kadenz über die Häupter der Betenden.

Dann schließen sich die Finger, als wollten sie die zitternden, seidenfeinen Facettöne festhalten, die im Pianissimo ersterben.

Das ist der berühmte Chasen, der daheim im Städtchen Jahr für Jahr seine Scharen am Versöhnungstage vom Anbruch bis zum Ausgang auf Flügeln des Gesanges vom Kol-Nidrei zum Nilo trug.

Schon in den ersten drei Tagen nach der Evakuierung hatten sie sich gegenseitig aufgespürt, hatten zähe zueinander gestrebt und nun sind sie längst wieder vereint; der Rabbi, seine Gemeinde, der Kantor.

Ausgang des Versöhnungstages. Die Kerzen flackern, die größten sind wie Ruten niedergebogen, als hätte sie die Glut der Gebete bezwungen, die meisten ganz abgebrannt, und der Papierstreifen am unteren Rande beginnt zu glimmen, die silbern und golden gestickten Halssäume der Gebetmäntel schimmern auf.

Bald wird der Ruf des Widderhornes den „furchtbaren Tag" beschließen.

Ein Eiland. Was draußen, jenseits dieser verhängten Fenster vorgeht, ist nicht mehr. Nur diese Insel lebt noch, auf der sie sich, dicht geschart, zusammendrängen, hinausgehoben über Zeit und Raum.

Nichts hätte vermocht, sie daran zu hindern, sich zu finden, einander irgendwo in einem Eckchen der Häuserwüste ein Heiligtum zu bereiten. Keine Not, kein Drangsal, keine Beschwerde.

Allsabbatlich werden sie auf dieser Insel der Erlösung zusammengespült und singen mit frohen Augen:

„Wie schön sind deine Zelte, Jakob!" und „Gesegnet sei, von dem die Heiterkeit ausging!"

Heute aber, am Jaumkippur, dem ersten Jaumkippur nach der Flucht, sind sie aneinander geschmiedet, im Sterbekleid, den Leib kasteiend, und die Stimmung, die zur Stunde auf diesem Eilande herrscht, packt den Entfremdeten mit Urgewalt, daß er stumm, gebannt, betroffen an der Türe steht und keinen Schritt vorwärts wagt.

Welches ist das Geheimnis eurer Stärke, ihr Verachteten, Heimatlosen?

Die Stimme der Gemeinde antwortet mir, aus der sich jetzt wie ein Sturm dieses Gebet erhebt:

„Besiegle uns zum Leben und zum ewigen Genesen!"

Karmelitermarkt 1915

Das Fest in der Fremde

Otto Abeles

Frühjahr 1915. Ernste Tage. Przemysl war gefallen, die Russen rückten gegen Krakau vor, in den Karpathen tobte der furchtbare Kampf, dessen Ausgang mit sorgenvoller Spannung verfolgt wurde.

Die Flüchtlinge aber in den engen Gassen der Leopoldstadt und Brigittenau rüsten zum Passah. Am Karmeliterplatz, in der Schiffgasse, in den Gassen rings um den Augarten wimmelt alles durcheinander. Dieser ersteht ein paar billige Teller (da man doch anderes Tischgeschirr benötigt), jener besorgt armselige, magere Kerzen, ein Fläschchen Wein, das Grünzeug für die Sederschüssel. Sie tragen Säcke und Körbe mit Kartoffeln, um sich damit über die acht Tage hinwegzuhelfen, an denen nichts Gesäuertes genossen werden darf. Ein Kommen und Gehen, eine erregte Hast, als gälte es noch rasch das Haus zu bestellen und festlich herzurichten für eine Hochzeit oder die Wiederkehr eines Kindes, das in der Fremde weilte.

Sind doch so klug, diese Menschen, verfolgen fieberhaft die Ereignisse, warten stundenlang vor dem Kriegsministerium auf die Generalstabsberichte, sammeln sich sofort vor den Trafiken an, wenn die Abendblätter ausgehängt werden und kommentieren die Nachrichten.

Haben sie denn nicht gelesen, daß die russischen Heere die Juden vor sich her in das Geschützfeuer jagen? Denken sie denn nicht daran, daß teure Angehörige unter den Opfern sein könnten? Was soll aus Galizien werden? Fallen nicht just in diesen Tagen die Würfel über ihr Schicksal? Sollen sie künftig dem Zaren untertan sein? Wird nicht soeben ihr Haus geplündert und eingeäschert? Wie ergeht es den Söhnen und Brüdern und Vätern an der Front?

Alles, alles versunken und vergessen, – denn die Nacht steigt auf, die ausgezeichnet ist vor den anderen Nächten. Alle Herzenspein niedergehalten vom Frohmut und der Helligkeit, die das Überschreitungsfest ausstrahlt. Einige Familien werden in der kahlen gemieteten Stube zusammenrücken, die Tür wird halb geöffnet sein, daß der Prophet eintrete, für den der Becher Weines bereit steht, die Kinder werden die krausen Bilder der Hagadah betrachten und frohe Lieder singen.

Welche Bewegtheit, welch lebensvolle Jugendlichkeit ist plötzlich über diese zerdrückten, verängstigten Menschen gekommen? Als wären ihnen Flügel gewachsen, daß sie nun für eine kurze glückvolle Spanne Zeit über ihrem Schicksal schweben.

Legt, was euch abstößt und erzürnt, wenn ihr vergesset, wie es dazu kam, legt den Fatalismus gegenüber Erniedrigung und Schande, die Zweckstrebigkeit, den Maklergeist, die Sucht nach dem Silberling auf die eine Waagschale, – aber nehmt aus dem Reichtum ihres Innenlebens, das unter häßlicher Hülle verborgen liegt, nehmt von ihrem uralten Adelserbe nur das eine: die Kraft und den Mut, alle Not und Bedrängnis mit einem abzuwerfen, sich in unerhörtem Aufschwung über ihre Flüchtlingsverlassenheit zu erheben, alles abzuschütteln und sich in Gläubigkeit und Freude zu erlösen, einzutauchen in das köstlich schöne Familienglück der Sedernacht, in das uralte jüdische Fest der Frühlingssonnenwende, – seid gerecht, ihr gestrengen Richter, nehmt nur dies eine aus ihrem Seelenreichtum und legt es auf die andere Wagschale …

Freitagabend; zu Beginn des Schabbat werden zwei Kerzen angezündet.

Der 1858 eröffnete, nach den Plänen Ludwig Försters erbaute „Große Tempel" in der Tempelgasse. Im Nebenhaus waren die „Israelitisch-Theologische Lehranstalt" zur Heranbildung von Rabbinern, das „Hebräische Pädagogium" zur Ausbildung von Hebräischlehrern sowie der „Wiener Beth-Hamidrasch-Verein", wo täglich religionswissenschaftliche Vorträge gehalten wurden, untergebracht.
Nach einer Zeichnung von Rudolf v. Alt

Glückwunschkarte zum Neujahrsfest Rosch Haschanah 1927. Oben rechts der „Große Tempel“ und die „Polnische Schul“, unten links der „Türkische Tempel“

Ausgleich

Otto Abeles

Im Morgengrauen an bestimmten Tagen höre ich ein Durcheinandersummen von Stimmen vor meinem Fenster. Dort unten, die ganze Gasse entlang, dicht gedrängt, stehen die Menschen oder sitzen am Pflasterrand, auf Häusernischen, auf mitgebrachten Klappstühlen und warten, ob es ihnen gelingen wird, Mehl zu erstehen. Dienstboten, Frauen aus dem Volke mit Säuglingen am Arme, Kinder und mitten drin, immer in größerer Zahl, als hätten sie das Bedürfnis, in dieser fremden Umgebung recht nahe beieinander zu sein, Gruppen von Flüchtlingen.

Um die siebente Morgenstunde: Die Kinder tollen herum, nachdem sie ihren Platz belegt haben, und verzehren ihr Frühstücksbrot. Es ist eine gewisse Gelassenheit an der harrenden Menge zu bemerken. Man plauscht miteinander, bespricht Brot- und Fleischpreise, die Kriegslage, feiert die Feldherren, liest einander Feldpostkarten vor.

Neun Uhr: Die Gespräche stocken allmählich, man reckt die Hälse, ob dort vorne nicht schon eine Bewegung die beginnende Mehlausgabe ankündet. Die Frauen stehen da, mit harten, verdrossenen Zügen. Das Durchhaltenmüssen wird ihnen sauer gemacht.

Plötzlich durchlauft die langgestreckte Menschenzeile eine Welle der Erregung. Einer hat einem alten Manne im schmutzigen Kaftan vorgeworfen, er suche sich vorzudrängen. Nun ist eine Ablenkung für die angesammelte Verbitterung da. Die einfältigen, geplagten Leute beginnen auszurechnen, um wie vieles die Menschenreihe kürzer wäre, wenn sich die Flüchtlinge nicht mitangestellt hätten. Ja, wenn die nicht da in Wien säßen! Das Brot wäre nicht teuer, Mehl gäbe es in Menge und man könnte sich ein Stückchen Fleisch gönnen.

Halblaute Haßworte, zornige Rufe.

Die Flüchtlinge stehen blaß auf ihrem Posten. Die wenigen Mädchen lesen in Büchern, die Männer sprechen angelegentlich miteinander, als wollten sie die drohende Stimmung rings um sie überhören.

Um die Mittagsstunde: Die Mehlausgabe hat noch nicht begonnen. Die empörte, judenfeindliche Stimmung ist verblaßt und allmählich ist diese vom gleichen Lose getroffene Masse zu einem einzigen gleichförmigen Körper zusammengewachsen. Das Schicksal hat die Gegensätze ausgeglichen, man hat sich aneinander gewöhnt, man kommt sogar ins Gespräch mit den Fremden, die man ja noch gar nicht kennt, von denen man eine feste, häßliche Vorstellung hat; läßt sich von ihrer Heimat erzählen, erkundigt sich nach Sitten und Bräuchen, nach den Lebensverhältnissen dort drüben ...

Die harte Schule des Lebens hat den Ausgleich bewirkt. Wenigstens für heute ...

Markt Im Werd (Karmelitermarkt) vor dem 1. Weltkrieg

Der Bettler

Otto Abeles

Auf der Ferdinandsbrücke sah ich einen alten Mann. Er trug jenen Kaftan, der kein „Kompromiß" ist, sondern noch ordentliche Schöße hat, und um die Lenden war eine grobe Schnur gebunden. Er ging gebückt, aber in einem gewissen beschleunigten Tempo gegen den Menschenstrom und streckte diesem und jenem – beileibe nicht jedem! – die Hand hin. Sein Mund murmelte keine Litaneien, seine Lippen flüsterten keine Bitten. Das Antlitz war kühl und ruhevoll, und das linke Auge, das einen unter der buschigen Braue anleuchtete (über dem rechten Auge hatte sich das Lid für immer geschlossen) – dieser dunkle Augenstern flehte nicht: Er forderte.

Keiner, dem der Greis das Auge zuwandte, versagte ihm die Gabe, keiner redete ihn an, aber alle blieben stehen und sahen ihm nach.

Er erwies Wohltaten, indem er Almosen nahm.

Es war ein linder, köstlicher Frühlingsabend. Das bleiche Licht der Bogenlampen mengte sich mit dem purpurnen Widerschein der Wolken, die über dem Kahlenberg hingen.

In bescheidenem Abstand folgte ich dem Bettler, der durch die zauberhafte Stunde ging, wie ein verkleideter König, der heimlich unser Erbe trägt, wie ein Zaddik, der gesandt ist, die Seelen zu prüfen.

Flüchtlingspaar aus dem russischen Teil Polens; die Frau ist blind. 1919

Die Demütigung

Manès Sperber

Die Ereignisse folgten ununterbrochen aufeinander, die Austräger der Extra-Ausgaben brüllten die neuen Nachrichten hinaus; besonders am Nachmittag und in den kühlen Abendstunden erschütterten ihre Schreie die Luft, manchmal klagend, als kündigten sie den Weltuntergang an, zuweilen herausfordernd, als wären sie die Drohrufe einer unwiderstehlichen Gewalt. Es handelte sich zumeist um Siege oder um erfolgreiche Gegenangriffe, nicht selten auch um Skandale, die mit der Lebensmittelknappheit und der Preistreiberei und mit korrumpierenden Schiebern zu tun hatten, hie und da auch um „Friedensfühler", von denen in neutralen Ländern die Rede war. Je mehr Blut vergosssen wurde, je mehr die Völker leiden mußten, um so mächtiger wurde die Lüge.

Wie die Erwachsenen, wahrscheinlich sogar viel intensiver als sie, erwartete ich die Nachricht, in deren Licht alles anders und die ersehnte Zukunft fast schon gegenwärtig werden würde: doch verlor ich diese Hoffnung früh genug. Ich wurde daher Leser der zumeist nur aus einem Blatt bestehenden Abendausgabe der sozialdemokratischen „Arbeiter-Zeitung". Sie war besonders billig, ich glaube, sie kostete nur einen Heller, und ich traute ihr, weil sie so oft gegen den Krieg schrieb und weil jede ihrer Nummern mit vielen weißen Flecken erschien. Das bedeutete, daß die Zensur sie gezwungen hatte, viele Nachrichten und Artikel auszulöschen, eben weil sie den Schönmachern nicht paßten. So geschah es nicht selten, daß dieses Blatt sozusagen halbseitig vor die Augen der Leser kam. Man war enttäuscht und trotzdem zufrieden, denn das bestätigte, daß man auf der Seite der Wahrheit war.

Aus einem besonderen, zusätzlichen Grunde erinnere ich mich genau an jenen trüben, regnerischen Nachmittag, an dem die Ausrufer der Extra-Ausgaben mit ohrenbetäubenden Schreien mitteilten, daß der Ministerpräsident Graf Stürgkh von Dr. Friedrich Adler im Restaurant Meißl & Schaden beim Mittagsmahl erschossen worden war. Ich stand genau an der Ecke der Schmelzgasse und der Taborstraße, der längsten des zweiten Bezirks, in dem die Mehrheit der ärmeren jüdischen Bevölkerung wohnte. Die kaum verständlichen Schreie der Ausrufer bewirkten, daß Leute stehenblieben, um die Zeitung zu kaufen und sofort zu lesen, und das verursachte eine Stockung auf dem Trottoir. Im Augenblick, da ich versuchte, den Bericht über das Ereignis zu entziffern, fühlte ich einen brennenden Schmerz auf dem Nacken, links über dem Knochen. Ich griff an die Stelle, jemand hatte da einen brennenden Zigarettenstummel ausgedrückt. Als ich mich umdrehte, erblickte ich einen großgewachsenen Mann, der mich spöttisch ansah, sich dann durch die Masse durchdrängte und verschwand. Ich versuchte, ihm zu folgen, aber es war besonders schwer, und bald verlor ich ihn aus den Augen; er war wohl durch das Tor des Spitals der Barmherzigen Brüder entschlüpft. Der scharfe Schmerz hielt an, jedoch war die Empfindung, von einem Fremden grundlos gedemütigt worden zu sein, fast noch unerträglicher. Ich sah mich um, niemand schien den Vorfall bemerkt zu haben. Warum, wozu hatte der Mann das getan? Er konnte dessen fast sicher sein, daß der Bub in diesem Judenbezirk ein jüdisches Kind war. Diese Erklärung stimmte wohl, dachte ich, doch sie reichte nicht aus.

Vergebens wartete ich vor den „Barmherzigen Brüdern", der Mann blieb verschwunden. Dann überquerte ich die Straße und ging langsam, immer wieder um mich blickend, zum Donaukanal. Nun, da ich mich wieder gefaßt hatte, begriff ich, daß ich sowieso gegen diesen Feind nichts hätte ausrichten können. Kein einziger der eiligen Fußgänger hätte mir gegen ihn Beistand geleistet. Der Schmerz war nicht mehr unerträglich und das Mitleid, das ich mit mir empfand, tröstete mich ein wenig, ehe es wieder der Empörung wich und dem Gefühl, erniedrigt worden zu sein. Ich ging in die Innere Stadt hinüber, kam vor das große Zeitungsgebäude, wo neben den üblichen Ausgaben des Tages auch die Extra-Blätter ausgehängt waren. Ich las sie aufmerksam durch, danach die Morgenausgabe, die fast eine ganze Seite dem Raubmord widmete, der an einer armen alten Bedienerin verübt worden war. Ein schlechtes Bild zeigte eine verhärmte, abgerackerte Frau. Ich wartete auf das Abendblatt, das auch bald ausgehängt wurde. Auf der ersten Seite die Photos des Attentäters und seines Opfers, des Ministerpräsidenten, der das Par-

Karmelitermarkt. Um 1938

lament ausgeschaltet und sich beharrlich geweigert hatte, es wieder einzuberufen. Graf Stürgkh sah so aus, wie ihn sich wohl jeder vorstellte: ein Würdenträger, ein älterer, eher in sich gekehrter Herr, der weiß, daß er für die Zeitungen photographiert wird. Friedrich Adler aber wirkte keineswegs wie jemand, der einen Menschen töten oder auch nur körperlich angreifen könnte; er sah wie ein Gelehrter aus, auch er in sich gekehrt und nicht mehr jung, ein Mann in mittleren Jahren. Ich bin nicht gewiß, ob mich meine Erinnerung nicht täuscht, doch mir ist, als hätte er einen Hut getragen, der sich etwas verschoben hatte und ihm daher schief auf dem Kopfe saß. Während ich die vielen Aussagen las, die Kellnern und anderen Augenzeugen des Attentats zugeschrieben wurden, wanderte mein Blick immer wieder zum Gesicht des Mannes zurück, der vor wenigen Stunden kaltblütig, gewiß nach reiflicher Überlegung, diesen alten Herrn, den Ministerpräsidenten des kaiserlichen Österreich, erschossen hatte.

Nur einige hundert Meter trennten mich von unserem Haus, wir wohnten in nächster Nähe der Marienbrücke. Wieder spürte ich den Schmerz im Nacken, nun schien er sogar stärker zu werden; ich erwartete tätiges Mitleid und Trost von der Familie und ihren Besuchern, die sich diesmal wohl noch zahlreicher eingestellt haben mußten als sonst. Schon auf dem Stiegengang hörte ich die vielen Stimmen, lauter noch als gewöhnlich. Weder meine

Läden in der Tandelmarktgasse 8. 1903

Eltern noch meine Brüder noch die Gäste nahmen von meinem Eintritt und von meiner zweifellos übertrieben jämmerlichen Miene Kenntnis. Meine Versuche, ihre Aufmerksamkeit auf den verletzten Nacken und auf den Vorfall an der Ecke der Taborstraße zu lenken, mißlangen kläglich. Bald war ich übrigens selbst in die Debatte hineingezogen, die, obschon durch das Attentat hervorgerufen, durchaus unpolitisch blieb. Auch der Graf Stürgkh wurde nur nebenbei erwähnt, nicht ohne Bedauern darüber, daß er nicht friedlich in seinem Bette gestorben war. In der Tat drehte sich das Gespräch, das erst gegen Mitternacht endete, hauptsächlich um die Familie Adler. Da war also der alte Dr. Victor Adler, der Genosse Doktor, so nannten ihn die sozialistischen Arbeiter im ganzen Lande, ein großer Mann, sogar der Kaiser, sagte man, behandelte ihn stets mit Hochachtung. Gewiß hatte solch ein Mensch alles getan, um seinem Sohn Friedrich, der ja auch ein Doktor, vielleicht sogar ein Professor war, die beste Erziehung angedeihen zu lassen. Und nun auf einmal das Furchtbare, das kaum auszudenken ist: Er erfährt aus einer Extra-Ausgabe, daß er, der ehrwürdige Dr. Victor Adler, der Vater eines Mörders ist. Und alle wiederholten oft das Wort nebbich, das jiddisch Mitleid ausdrückt, und „Der Oberste, der Allmächtige, soll einen vor solchem Schlag bewahren!" Man vergaß keineswegs, von Zeit zu Zeit an den Kaiser zu erinnern, an den Leidgeprüften: Die Gattin hatte man ihm getötet, der Sohn war ihm in der Blüte der Jahre gestorben, seinen Neffen, den Thronfolger, hatte man ihm in Sarajevo erschossen, und nun muß er noch das Unglück mit dem Grafen erleben. Man versagte ihm keineswegs das Mitleid, aber zutiefst betroffen war man nur vom Schicksal Victor Adlers. Was kann, was wird, was muß dieser unglückliche Vater nun tun? Diese Frage erregte die Gemüter so heftig, als ob jeder noch vor Ende der Nacht eine schicksalschwere Entscheidung treffen müßte.

Das Haus Tandelmarkt-
gasse 22. 1903

Der blinde Bettler von der Produktenbörse

Bruno Frei

Durchschreitet man den Hof der Produktenbörse, der die Taborstraße an ihrer am stärksten begangenen Stelle mit der Großen Mohrengasse verbindet, so erblickt man gleich in der Einfahrt zur rechten Hand eine zwerghaft wesenlose Gestalt, den Schatten eines Menschen, den blinden Bettler von der Produktenbörse. Ihm zur Seite liegen auf dem Steinboden die irdischen Reste einer Fiedel und das internationale Wappen der von den Almosen der Straße lebenden Verworfenen, der sprichwörtlich gewordene Bettelstab. Um in dem Februarfrost die Eigenwärme des Körpers nicht zu verlieren, pendelt er mit dem Oberkörper vor und zurück und haucht seinen Atem auf die in Sackfetzen gesteckten Finger. Ein Sohn des Ahasver-Volkes, ein dreifach Ausgestoßener der menschlichen Gesellschaft.

Mein Weg führt häufig durch dieses Durchhaus, und so fiel er mir auf. Ich sah, wie von den Vorübergehenden, Besuchern der Börse und ihres Kaffeehauses, von all den glücklicheren Stammesbrüdern des blinden Fiedlers, ihn, den geduldig Wartenden, kaum jemand eines Blickes, geschweige denn eines Geschenkes würdigte. Er ist auch so unansehnlich, daß man ihn förmlich suchen muß, ehe man ihn erblickt. Mich lockte es zu erfahren, wo und wie lebt dieser Berufsbettler in den Stunden und Nächten, da er nicht mit ausgestreckter Hand auf milde Gaben wartet. Welches sind seine Schicksale, welches seine Freuden und Leiden? Ich beschloß, ihn anzusprechen ...

Und er führte mich dahin, wo das Grauen haust: in ein schmutzstarrendes Massenquartier der Leopoldstadt.

Ein dunkler Raum, der sich alsbald als Küche entpuppt. Zwischen Herd und Kasten einige Fetzen als Bettstatt. Im Zimmer und in einer an die Küche grenzenden Kammer einige offene Betten. Eine alte russische Jüdin und ihr „Mann" sind die Inhaber der Wohnung. Nach den nichts weniger als glaubwürdigen Aussagen der Wirtin kommen bloß vier bis fünf – wie sie sagt – „ganz anständige Leute" zu ihr schlafen. Sie zahlt 50 Kronen monatlich Miete und nimmt 60 bis 80 Kronen ein. Die Männer, die im Zimmer wohnen, zahlen ihr K 3,50 und die in der Küche bloß K 3,– für die Woche. Soweit die Mitteilungen der Frau.

Nachbarinnen, Hausmeister und der Küchenschläfer Markus Seidenwurm – der Bettler von der Produktenbörse – erzählen aber ganz andere Geschichten: Außer den regelmäßigen Bettgehern genießen noch eine ganze Reihe von lichtscheuen Existenzen, über deren Zahl die Angaben schwanken, die allabendliche Gastfreundschaft der Vermieterin. Hier wird Nächte hindurch gespielt, gerauft und geschrien, und der müde Bettler, der blinde Markus Seidenwurm, findet, auf seinem bezahlten Küchenlager kauernd, auch in der Nacht keine Ruhe. Er kann weggehen, wenn es ihm nicht gefällt, aber beschweren darf er sich nicht, es ist ja auch recht und billig so: er zahlt doch bloß K 3,– für die Woche, die anderen aber K 3,50. Unterschiede auch hier noch!

Und er erzählt mir von seinem Leben:

In Lemberg hat er Frau und Kind, eine achtzehnjährige Tochter, beide krank, das Mädel im Spital. Er zeigt mir Jammerbriefe: „Fater, rete mich!" ... Solange er noch nicht ganz blind war, ging er in die Gasthäuser der Leopoldstadt fiedeln. Er kann wohl nur zwei Melodien und auch die herzlich schlecht, doch ging's ihm damals noch gut, er „verdiente" bis 30 Kronen die Woche. Jetzt geht's schlechter. Obwohl er seinen Posten wechselt, fällt seine krüppelhafte Gestalt dennoch auf, den Schutzleuten nämlich. Dann wird er auf 48 Stunden in den Arrest gesteckt, da kann er wenigstens seine Glieder ausstrecken. Er leidet nie Hunger, Bekannte helfen ihm stets irgendwie aus.

Seite 54: Produktenbörse in der Taborstraße, 1890 erbaut. 1900

Geistige Arbeitslosigkeit

Bruno Frei

Durch die Gassen der Leopoldstadt schleicht ein sonderlicher Geselle. Seine halbblinden Augen sind mit Schmutz verpickt und wilde Bartstoppeln, zwischen rot und grauweiß schillernd, bewachsen sein zerfurchtes Angesicht. Ein eingestülpter Hut, eine schmutzige Binde um den Hals, unkenntliche Fetzen am Leib kennzeichnen den Lumpenproletarier. Zerfranste Tuchfragmente hängen von ihm herab, etliche schleppt er im Straßenkot nach sich. Nie sieht man ihn ohne ein Pack Bücher, die er durch einen Bindfaden zusammengehalten, stets mit sich schleppt. Er trottet durch den lebhaften Bezirk und bettelt, von einem unersättlichen Hunger gejagt, nach Brot. Nur nach Brot, nie nach Geld. Seine Figur reizt die Straßenjungen zu billigem Hallo, das aber anscheinend mit Rücksicht auf die Ernährungslage nicht laut und lustig genug ist, um sonderlich aufzufallen. Zu Mittag hockt er als erster in der Ausspeisungshalle eines Wohlfahrtsvereines, stets von der Angst gequält, die Blechschale mit wässeriger Hirse nicht als Allererster in die gierig zitternden Finger zu fassen.

Wir sprechen ihn an. Eine wohllautende tiefe Stimme formt die gewählten Worte in eine nicht alltäglich gewandte Rede.

Er ist Jude, 61 Jahre alt und von Beruf Lehrer. Er hat im Jahre 1885 in Prag maturiert, dann Medizin studiert, dieses Studium jedoch nach dem ersten Semester unterbrochen. Von dem Jahre 1887 an studierte er in Breslau und Berlin Philosophie und Theologie. Im Jahre 1892 wird seine philosophische Dissertation von der Wiener Fakultät approbiert. Schwer sind drei Hungerjahre des Studierens, gering der armselige Verdienst durch Stundengeben. Die Brotarbeit frißt dem Studium die Zeit fort, allzu stark ist auch seine Widerstandskraft nicht: die mündliche Prüfung wird von Semester zu Semester hinausgeschoben. Der verbummelte, richtiger der verkrachte, am richtigsten der zum Verkrachen gebrachte Student ist unrettbar auf eine Sandbank aufgelaufen. [...]

Er schläft in der Küche eines Massenquartiers und bettelt sich von einem Tag zum anderen fort. Auch seine Seele ist blind geworden in der schweren Zeit seines Niederganges, nicht nur seine Augen. Er nährt keine Hoffnungen, willenloser Sklave seiner körperlichen Triebe, läßt er sich vom Hunger weiterjagen und vor dem kalten Regen verkriecht er sich in die graue Ecke seines trostlosen Obdachs.

Der (lupuskranke) Herbergsvater weiß viel Gutes von ihm zu erzählen, er sei gutmütig und ungemein vielwissend, er unterrichte die verwilderten Bewohner des Quartieres und setze sich mit seinen Büchern an schönen Tagen ans Ufer des Donaukanals, um seine blindgelesenen Augen an den verwischten Lettern der vergriffenen Exemplare zu verderben.

Großvater

Elias Canetti

Der Großvater wohnte im Hotel Austria in der Praterstraße, manchmal brachte er die Großmutter mit, die sich zu Hause in Rustschuk nie von ihrem Diwan erhob, und wie er das zustande brachte, wie er sie zur Reise beredete und aufs Donauschiff führte – das blieb mir immer ein Rätsel. Da bewohnte er allein oder mit ihr ein Zimmer, immer dasselbe, und außer den beiden Betten war da auch ein Sofa, auf dem ich die Nacht vom Samstag zum Sonntag schlief. Das hatte er sich ausbedungen, für diese Nacht und das Frühstück am Sonntagmorgen gehörte ich ihm, wann immer er in Wien war. Ich kam gar nicht so gern ins Hotel, es war dunkel da und roch muffig, und bei uns zu Hause am Prater war es hell und luftig. Aber dafür war das Frühstück am Sonntag ein großes Ereignis, denn da führte er mich ins Kaffeehaus, ich bekam eine Melange mit Schlag und was das Wichtigste war, einen frischen Kipfel.

Um elf Uhr begann die Talmud-Thora-Schule in der Novaragasse 27, wo man Hebräisch lesen lernte. Er legte Wert darauf, daß ich die Religionsschule besuche, der Mutter traute er in diesen Dingen nicht viel Eifer zu und die Übernachtung bei ihm im Hotel war als Kontrolle gedacht, er wollte sicher sein, daß ich mich jeden Sonntagvormittag in der Schule einfinde, das Kaffeehaus samt dem Kipfel sollte mir die Sache schmackhaft machen. Es war alles ein wenig freier als bei der Mutter, weil er um mich warb, er wünschte sich meine Liebe und gute Gesinnung und außerdem gab es niemanden, noch so klein auf der Welt, den er nicht beeindrukken wollte.

In dieser Schule ging es eher jämmerlich zu, das hing damit zusammen, daß der Lehrer lächerlich schien, ein armer krächzender Mann, der so aussah, als stünde er frierend auf einem Beine, er hatte gar keinen Einfluß auf die Schüler, die taten, was ihnen beliebte. Wohl lernte man Hebräisch lesen und ratschte die Gebete aus den Büchern fließend herunter. Aber wir wußten nicht, was die Worte, die wir lasen, bedeuteten, niemand fiel es ein, sie uns zu erklären. Auch die Geschichten der Bibel wurden uns nicht nahegebracht. Einziges Ziel der Schule war es, uns fließendes Lesen der Gebetbücher beizubringen, damit die Väter oder Großväter im Tempel Ehre mit uns einlegten. Ich beschwerte mich bei der Mutter über die Dummheit dieses Unterrichts, sie bestätigte meine Meinung, wie anders waren unsere gemeinsamen Lektüren! – Aber sie erklärte mir, daß sie mich nur hingehen lasse, damit ich den Kaddisch, das Totengebet für den Vater, richtig beten lerne. An der ganzen Religion sei das das Wichtigste, außer vielleicht auf den Versöhnungstag komme es sonst auf nichts an. Als Frau, die immer abseits sitzen mußte, hatte sie nicht viel übrig für den Kult im Tempel, beten bedeutete ihr nichts und lesen konnte ihr nur wichtig sein, wenn

sie verstand, was sie las. Für Shakespeare brachte sie die Inbrunst auf, die sie für ihren Glauben nie empfunden hatte.

Sie war ihrer Gemeinde schon dadurch entronnen, daß sie als Kind die Schule in Wien besucht hatte, und fürs Burgtheater hätte sie sich in Stücke reißen lassen. Vielleicht hätte sie mir alle äußerlichen Verrichtungen einer Religion, die für sie kein Leben mehr hatte, erspart und mir sogar die Sonntagsschule, in der man überhaupt nichts lernen konnte, geschenkt, hätte die starke Spannung, die

Praterstraße gegen Praterstern, mit Johannes von Nepomuk-Kirche. Um 1935

Im Cheder, den Buben aus orthodoxen Familien ab dem dritten Lebensjahr besuchen. Dort werden sie von einem Lehrer im Studium der Thora und des Talmud unterwiesen.

zwischen ihr und dem Großvater bestand, sie nicht gezwungen, ihm in diesem Punkte, der als Sache der Männer galt, nachzugeben. Sie wollte nie wissen, was in dieser Religionsschule geschah; wenn ich am Sonntag zum Mittagessen nach Hause kam, sprachen wir schon vom Drama, das wir am selben Abend zusammen lesen würden. Das dunkle Hotel Austria, die dunkle Novaragasse waren vergessen, sobald Fanny mir die Wohnungstür öffnete, und das einzige, was die Mutter, sehr gegen ihre Art zögernd fragte, war, was der Großvater gesagt habe, womit sie meinte, ob er etwas über sie gesagt habe. Er tat es nie, aber sie fürchtete, er könnte es einmal versuchen, mich gegen sie einzunehmen. Sie hätte es nicht zu fürchten brauchen, denn hätte er es je versucht (wovor er sich wohl hütete), ich wäre nie wieder zu ihm ins Hotel gegangen.

Zu den auffallendsten Eigenschaften des Großvaters gehörte seine Unermüdlichkeit, er, der sonst so orientalisch wirkte, war immer in Bewegung. Kaum wußten wir ihn in Bulgarien, erschien er schon wieder in Wien und reiste bald weiter nach Nürnberg, das bei ihm Nürimberg hieß. Aber er reiste auch in viele andere Städte, an die ich mich nicht erinnere, weil er ihren Namen nicht so falsch aussprach, daß es mir auffiel. Wie oft traf ich ihn zufällig auf der Praterstraße oder einer anderen Straße der Leopoldstadt, in eiliger Bewegung, immer mit seinem silberbeschlagenen Stock, ohne den er nirgendwo hinging, und so eilig er es hatte, seinen Augen, die hin und her schossen, Augen eines Adlers, entging nichts. Alle Spaniolen, die ihm begegneten – und es gab ziemlich viele von ihnen in diesem Teile Wiens, wo auch in der Zirkus-

gasse ihr Tempel stand – begrüßten ihn mit Respekt. Er war reich, aber er war nicht hochmütig, er sprach zu allen, die er kannte, und hatte immer etwas Überraschendes und Neues zu erzählen. Seine Geschichten machten die Runde; da er viel reiste und alles beobachtete, wofür er Sinn hatte, ausschließlich Menschen, und da er denselben Leuten nie die gleichen Geschichten erzählte und bis ins hohe Alter genau wußte, was er jedem gesagt hatte, war er für seinesgleichen immer amüsant. Für Frauen war er gefährlich, keine, die er einmal ins Auge gefaßt hatte, vergaß er und die Komplimente, die er zu machen verstand – er fand für jede Art von Schönheit neue und besondere Komplimente –, blieben haften und wirkten weiter. So alt er wurde, er alterte kaum, seine Leidenschaft für alles Neue und Auffallende, seine raschen Reaktionen, seine herrische und doch einschmeichelnde Art, sein Auge für Frauen, alles blieb immer gleich lebendig.

Er suchte zu allen Menschen in ihrer Sprache zu sprechen, und da er diese nur nebenher auf seinen Reisen gelernt hatte, waren seine Kenntnisse, mit Ausnahme der Sprachen des Balkans, zu denen auch sein Spanisch gehörte, höchst mangelhaft. Er zählte gern an den Fingern auf, wieviel Sprachen er spreche, und die drollige Sicherheit, mit der er es bei dieser Aufzählung – Gott weiß wie – manchmal auf 17, manchmal auf 19 Sprachen brachte, war trotz seiner komischen Aussprache für die meisten Menschen unwiderstehlich. Ich schämte mich dieser Szenen, wenn sie sich vor mir abspielten, denn was er da von sich gab, war so fehlerhaft, daß er selbst in meiner Volksschule beim Herrn Lehrer Tegel damit durchgefallen wäre, wie erst bei uns zuhause, wo die Mutter uns mit erbarmungslosem Hohn den kleinsten Fehler verwies. Dafür beschränkten wir uns zuhause auf bloß vier Sprachen, und wenn ich die Mutter fragte, ob es möglich sei, 17 Sprachen zu sprechen, sagte sie, ohne den Großvater zu nennen: „Nein! Dann kann man keine!"

Er hatte, obwohl es eine für ihn völlig fremde Welt war, in der sich ihr Geist bewegte, großen Respekt vor der Bildung der Mutter und besonders dafür, daß sie mit uns streng war und sehr viel von uns verlangte. So tief er ihr dafür grollte, daß sie den Vater mit Hilfe eben dieser Bildung aus Bulgarien weggelockt hatte, so sehr lag ihm daran, daß sie uns damit erfülle. Ich glaube, daß es nicht nur Gedanken an Nützlichkeit und Fortkommen in der Welt waren, die ihn dabei bestimmten, sondern der Impetus seiner eigenen, nie wirklich ausgeschöpften Begabung. Innerhalb seines engen eigenen Lebenskreises hatte er es weit gebracht und von der Macht über seine weitverzweigte Familie hätte er kein Jota aufgegeben, aber er fühlte, daß es unendlich viel außerhalb gab, das sich ihm versagte. Er beherrschte nur die aramäische Schrift, in der das Altspanische geschrieben wurde, und Zeitungen las er nur in dieser Sprache. Sie hatten spanische Namen wie ‚El Tiempo', ‚Die Zeit', und ‚La Boz de la Verdad', ‚Die Stimme der Wahrheit', waren in hebräischen Lettern gesetzt und erschienen, glaube ich, nur einmal die Woche. Lateinische Lettern las er, aber er fühlte sich unsicher dabei, und so hat er in seinem ganzen langen Leben – er wurde über 90 Jahre alt – in den vielen Ländern, die er bereiste, nie etwas in der Landessprache (geschweige denn ein Buch darin) gelesen. Seine Kenntnisse bezogen sich, abgesehen von seinem Geschäft, das er souverän beherrschte, ausschließlich auf seine eigenen Beobachtungen unter Menschen. Diese konnte er nachmachen und wie ein Schauspieler spielen, und manche Leute, die ich selber kannte, wurden mir durch die Art, wie er sie spielte, so interessant, daß sie mich dann in ihrer wahren Person bitter enttäuschten, während sie mich in seinem Spiel mehr und mehr faszinierten. Dabei hielt er sich in seinen satirischen Szenen vor mir noch zurück, nur in einer Gesellschaft von vielen Erwachsenen, deren Mittelpunkt er war, ließ er sich vollkommen gehen und vermochte sie Stunden und Stunden mit seinen Geschichten zu unterhalten. (Er war schon lange gestorben, als ich seinesgleichen unter den Geschichtenerzählern in Marrakesch wiederfand, und obwohl ich von ihrer Sprache kein Wort verstand, waren sie mir durch die Erinnerung an diesen Großvater vertrauter als alle die unzähligen anderen Menschen, denen ich dort begegnete.)

Seine Neugier, wie ich schon sagte, war immer rege, nie, kein einziges Mal, habe ich ihn müde gesehen, und selbst wenn ich mit ihm allein war, spürte ich, daß er mich unaufhörlich, ohne einen Augenblick auszusetzen, beobachtete. In jenen Nächten, die ich im Hotel Austria bei ihm verbrachte, war mein letzter Gedanke vor dem Einschlafen der, daß er nicht wirklich schlief, und so wenig glaubwürdig es klingen mag, ich habe ihn zu keiner Zeit schlafen gesehen. Morgens war er lange vor mir wach, gewaschen und angezogen, und meist hatte er auch sein Morgengebet verrichtet, das ziemlich lange dauerte. Wachte ich aber nachts aus irgendeinem Grunde auf, so saß er aufgerichtet in seinem Bett, als habe er schon lange gewußt, daß ich jetzt aufwachen würde, und warte nur darauf, daß ich ihm sage, was ich jetzt wolle. Doch gehörte er nicht etwa zu den Leuten, die über Schlaflosigkeit klagen. Im Gegenteil, er wirkte frisch und für alles bereit, ein Teufel an immerwacher Bereitschaft, vielen war er durch dieses Übermaß an Vitalität – bei allem Respekt, den sie vor ihm hatten – ein wenig unheimlich.

Zu seinen Passionen gehörte das Einsammeln von Geld für arme Mädchen, die heiraten wollten und keine Mitgift hatten. Ich sah ihn oft auf der Praterstraße, wenn er jemand anhielt, von dem er zu diesem Zweck Geld wollte. Schon zückte er sein rotledernes Notizbuch, in das die Spenden mit Namen des Gebers eingetragen wurden. Schon nahm er die Geldscheine entgegen und verstaute sie in seiner Brieftasche. Er holte sich nie ein Nein, es wäre eine Schande gewesen, dem Señor Canetti nein zu sagen. Das Ansehen innerhalb der Gemeinde hing davon ab, immer hatten die Leute das Geld für die gar nicht kleinen Spenden bei sich, ein Nein hätte bedeutet, daß man selbst daran war, zu den Armen zu gehören und das wollte keiner von sich sagen lassen. Aber ich glaube, daß es unter diesen Kaufleuten auch echte Generosität gab. Ich bekam oft zu hören, mit verhaltenem Stolz, daß dieser und jener ein guter Mensch sei, womit man meinte, daß er ausgiebig für die Armen spende. Der Großvater war dafür bekannt, daß man ihm besonders gerne gab, schon weil er selbst, in seinen runden aramäischen Buchstaben, an der Spitze der Sammlung im Taschenbuch fungierte. Da er so gut begonnen hatte, mochte keiner hinter ihm zurückstehen und er hatte sehr bald die Summe für eine ehrenvolle Mitgift beisammen.

Vor dem „Türkischen Tempel" in der Zirkusgasse 22, der 1887 eröffnet wurde. Die etwa tausend Personen zählende sephardische Gemeinde besaß auch ein Haus in der Weintraubengasse, die „Casa Sefardi", wo ihre Vereinslokale untergebracht waren.

„Handeln mit alte Kleider ..."

Egon Erwin Kisch

Man tut gut, beim ersten Besuch der Kleiderbörse, des Cafés Pollitzer, einige alte Monturen in der Hand zu tragen, um nicht höchst mißtrauisch gemustert zu werden, und in den hinteren Korridor, wo sozusagen der Schranken ist, wage man sich gar nicht, denn trotz der über den Arm gelegten Garderobe ist man Außenseiter. Es schadet nichts, ein Außenseiter zu sein, im Gegenteil, es nützt, wenn nicht beim Verkaufsabschluß, so doch beim Anknüpfen von Geschäftsbeziehungen.

Dunst lagert unter den niedrigen Wölbungen des Lokals, dessen eine Ecke als Küche eingerichtet ist, Menschen stehen umher, den Hut auf dem Kopf, und diskutieren lebhaft. Bevor man sich gesetzt hat, bevor man seinen „Schwarzen" bestellt, sind Figuren herangehuscht, haben einen Kreis formiert, halten den Ankömmling an einem Knopf des Rokkes fest, den er anhat, oder an einem der Uniformbluse, die, kragenabwärts, auf dem Unterarm hängt. Einige befingerln stoffprüfend seine Hose.

Die Gestikulationen der Gestalten, die man vorher nur gesehen, werden also fühlbar, und allmählich materialisieren sich sogar Physiognomien. Aber Mimik und Gebärdenspiel geben wenig Aufschluß. Wer kann sagen, ob jener Mann, der die Qualität der angebotenen Ware mit mißbilligendem Kopfschütteln negiert, solches nicht bloß deshalb tut, um die Ansprüche des Verkäufers hinabzuschrauben, ob nicht gerade er innerlich am entzücktesten über den Stoff ist und den höchsten Preis nennen wird? Ist sein Antagonist, der den offerierten Rucksack mit hochgezogenen Augenbrauen bewundernd mißt, ein Gurgelabschneider, der nichts bezahlt?

Man erkläre, bloß mit Meisterschitz verhandeln zu wollen, mit dem Mann, der seinen Namen nannte: „Ich heiße Meisterschitz." Warum gerade mit ihm? Weil man froh sein muß, sich in dieser herandrängenden Flut von Bewerbern an einem Namen verankern zu können. Darum tue man, als ob der Vorsatz, ausschließlich mit Meisterschitz in Geschäftsverbindung zu treten, seit langem gefaßt, sozusagen ein Wunschtraum aus der Jugendzeit sei.

O weh, nun ist man dem Herrn Meisterschitz mit Haut und Haar, mit Schafwolle und Baumwolle verfallen. Die dunkelblaue Paradebluse, in der Helene dich so gerne sah, bevor sie dich ohne sie noch lieber sah, die dunkelblaue Paradebluse – nein, sie gefällt dem Herrn Meisterschitz bedeutend weniger, als sie Helene gefiel. Vergeblich, darauf hinzuweisen, daß sie fast gar nicht getragen wurde, vergeblich, den feinen Kammgarn, Brünner Ware, zu loben. Der Käufer gibt es zu, alles schön und gut, gewiß, aber ich bitt' Sie, wer braucht schon heutzutage eine dunkle Offiziersbluse, wer gibt für so etwas Geld aus, und es ist komplett unmöglich, einen Rock daraus zu machen.

Diesen Argumenten kann man sich nicht verschließen. Dagegen ist es nicht verwehrt, dem Gegner die Frage vorzulegen, wozu er die Bluse denn überhaupt erstehen will. Daß er sie erstehen will, ist evident und seine Skepsis soll nur den Preis drücken. „Weshalb wollen Sie die Bluse, Herr Meisterschitz, wenn Sie nichts mit ihr anzufangen wissen?" – „Na, es kann vorkommen, tommer doch, daß jemand ein blaues Sakko hat und eine Weste dazu braucht. Aus der Bluse da" (welch ein verächtlicher Seitenblick trifft mein schönstes Uniformstück!) „könnt man zur Not" (der Tonfall drückt aus, daß es schon äußerste Not sein müßte) „ein Gilet zurechtschneidern."

Das lasse man sich von Herrn Meisterschitz nicht einreden. Der wird doch kein Kleidungsstück daraufhin kaufen, weil zufällig einmal jemand ein blaues Sakko besitzen könnte und zufällig keine Weste und zufällig doch eine haben möchte und zufällig gerade zu Meisterschitz kommt, zu einem von tausend Wiener Trödlern! Steige man ihm nur auf die Kappen, und vielleicht wird er eingestehen, daß er die Blusen an Mützenmacher liefert, die daraus Kappen schneiden. Aber mehr als zehn Kronen ist Meisterschitz, wie er schwört, nicht imstande zu bezahlen, so wahr er lebt, für beide Blusen zusammen zehn Kronen, weil nämlich die dunkelblaue effektiv nichts wert ist, hingegen die feldgraue noch hundertmal weniger. Ist sie doch eine „umgehaute" Bluse, aus einer ärarischen verfertigt, also Staatseigentum, und die kann ihm die

Die Notlage der Bevölkerung nach dem 1. Weltkrieg war so groß, daß man noch lange Zeit nach Kriegsende Uniformteile oder neu verarbeitete Uniformstoffe im Stadtbild sah. Diese Gruppe wartet auf die Öffnung einer jüdischen Volksküche in der Krummbaumgasse. 1919

Polizei mir nichts, dir nichts konfiszieren. „Erst vor ein paar Tagen hat mir die Streifung stante pede um zweihundert Kronen Ware weggenommen, da, in dem offenen Kaffeehaus, hab ich das nötig? Ich kauf solche Sachen überhaupt nicht mehr." Er hat das gewiß nicht nötig und kauft solche Sachen überhaupt nicht mehr und gibt zehn Kronen für die zwei Blusen.

Die schwarzen Beinkleider erzielen höhere Preise, denn die werden nicht zu Gilets zerschnitten, nicht zu Mützen, das Ärar hat kein Anrecht auf sie, und man kann sie tragen, wie sie sind. „Man kann sie tragen, wie sie sind?" lacht Herr Meisterschitz. „Sehr gut! Und die Passepoils?" Er rechnet aus, was die Beseitigung der Borte kostet – ein bürgerliches Vermögen, wer hätte das gedacht, man ist erstaunt, läßt sich's aber durchaus nicht anmerken, sondern lächelt ironisch und erhält dann dreißig Kronen. Für den Rucksack zehn.

Nun ist man ohne Sachwert, allein, kein Mensch kümmert sich um einen, selbst Meisterschitz ist im Nebel des Lokals verschwunden. Jetzt erst liest man die Tafel an der Wand: „Handeln mit alte Kleider ist in den Lokal strengstens verboten." Also hat man ein Verbot überschritten, ehe man es kannte, und fürchtet, nachträglich die Gefahr abschätzend, das Ende des Reiters über den Bodensee zu nehmen. Allmählich aber besinnt man sich, draußen vor dem Café andere Inschriften

gesehen zu haben, und erkennt, daß sie nicht so wörtlich genommen werden wollen. Zum Beispiel: „Hier liegen alle Wiener Tagesblätter auf." Wo? Nur zwei oder drei leere Zeitungsrahmen hängen an den Haken, von keiner Zeitung eine Spur, wer hätte auch Muße, zu lesen? Jeder kommt mit Kleidern, Wäschestücken, setzt sich gar nicht, tritt zu Gleichgesinnten. Frauen haben große Pelerinen, unter denen Pakete und Markttaschen sind, manche bringen zusammengebundene Schuhe, Stiefel, Galoschen mit, einer trägt so viele Hüte in der Hand, daß er damit nicht nur durch das ganze Land kommen müßte, sondern durch ganz Europa.

Eine Dame, brav, ernst, mit englischem Schnurrbart, gibt einem sommersprossigen Jüngling Kopfstücke und Ohrfeigen rechts und links, daß es kracht. Anticipando. Erst nachher möchte sie von ihrem Sohn erfahren, weshalb sie ihn geschlagen hat. Kreischend wiederholt sie immerfort: „Was du verkauft hast, will ich wissen!" Quart. – „Nichts, Mutter, so soll ich leben ..." Er duckt sich. – „Kaffee bist du trinken gegangen?!" Prim. „Ausgerechnet hierher?" Terz. „Das ganze Lager schleppst du mir weg, du Ganeff." Rückschneidpatsch.

Ein Gast tritt ein und ruft, noch bevor er die Tür hinter sich offengelassen hat, ins Lokal: „Zwei Zikkeln!" Man halte das und ähnliche Anrufe nicht für Worte der Begrüßung, sie sind es nicht, sondern Ankündigungen dessen, was man zu verkaufen hat. Der letzte eben: zwei Zickeln. Er zieht sie aus einem Sack, sie sind tot, aber Fleisch und Fell finden angeregte Beurteiler.

Im Korridor ist Wäschemarkt. Leintücher werden mit Armen und mit der Elle gemessen, Taschentücher zwischen Fingern abgetastet, Damenhöschen gegen das Licht gehoben, Nachthemden von oben und unten angeschaut, nein, dieses Kaffeehaus gleicht nicht allen anderen Kaffeehäusern der Leopoldstadt, ein Greis läßt einen Ballen von seinem Rücken auf den Fußboden fallen und breitet den Inhalt aus, zehn verschlissene, schwarz-blau gestreifte Fußballhemden mit einem Kricketabzeichen, ein durchlöcherter Sweater und Käppis, die Gäste wenden sich ab von diesen Fetzen, sic transit gloria mundi, ein Männchen im Astrachanmantel kommt, die Ärmel reichen weit über seine Hände, der Saum schleppt, der kleine Mann will aber den großen Pelz auch gar nicht behalten, er zieht ihn aus, streckt ihn in die Höhe, bis zu der Tafel „Handeln mit alte Kleider ist in den Lokal s t r e n g s t e n s verboten", und ein Ring begutachtender Hände schließt sich um das Objekt.

Einzelnummer öst. K 2500.—

V. b. b.

DIE WAHRHEIT

Deutschösterreichische Wochenschrift für jüdische Interessen

Mit dem Beiblatt: Veröffentlichungen der „Union deutschösterreichischer Juden"

Abonnementspreise: **Halbjährig:** für Oesterr. u. Polen ö. K 50.000.—, Deutschland 5 Goldmark, Tschechoslowakei Kč. 50.—. Schweiz Fr. 5.—, Amerika 1 Dollar, Italien 20 Lire, England 10 Schilling, Rumänien 200 Lei, Jugoslawien 100 Dinar.

Redaktion und Administration: Wien II., Heinestraße 13 - Telephon 42-2-16. Erscheint jeden Freitag. Redaktionsschluß: Für Artikel Sonntag, für Nachrichten Montag.

Zahlungen für Österreich: Postsparkassenamt Wien, Konto Nr. 100 918; für Tschechoslowakei: Postsparkassenamt Prag, Konto Nr. 500.478, für Deutschland: Postscheckamt Berlin, Konto Nr. 79.957, für Polen: Konto Ludwig Hirschfeld bei der Poln. Landesbank, Filiale Biala; für die Schweiz: Konto Ludwig Hirschfeld bei Bankhaus Leu & Co., Zurich

XL. Jahrgang — Wien, 18. Jänner 1924 — Nummer 3

Geschäft in der Taborstraße

Teestube

Manès Sperber

Wenige Minuten von meiner Gasse entfernt, hinter der Produktenbörse an der Taborstraße, war von einer jüdischen Hilfsorganisation unter der Leitung einer besonders aktiven, relativ jungen Frau namens Anita Müller eine Tee- und Wärmestube eingerichtet worden, die bis zur Sperrstunde stets überfüllt war. Die Kundschaft setzte sich aus alten Leuten zusammen, aus kinderlosen Soldatenfrauen, aus Urlaubern, deren Familien in dem vom Feinde besetzten Gebiet lebten, aus Kriegsinvaliden und aus professionellen Schnorrern.

Dank der Volksbibliothek hatte ich stets genug Bücher; je mehr ich las, um so unbeherrschbarer wurde meine Lesegier. Jedes Buch verwies auf so viele andere und belehrte mich darüber, wie wenig ich wußte und daß ich Rendezvous hatte mit Hunderten, mit Tausenden von Schriftstellern, mit zahllosen Werken. Alle diese Bücher gehörten jedoch der Vorkriegszeit an, außer den zumeist dümmlichen, lächerlich übertriebenen patriotischen Kriegsbüchern. Das winzige Abendblatt, meine so billige Stammzeitung, reichte nicht aus. Im Kaffeehaus lagen Dutzende von Zeitungen und Wochenschriften auf, doch konnte ich mir den Besuch eines Cafés nicht leisten, weil ich inzwischen meinen Posten als Besteckverleiher und damit mein Einkommen verloren hatte. Es kam übrigens auch deshalb nicht in Frage, weil Buben meines Alters dort nicht gerne gesehen waren, wenn sie ohne Begleitung kamen.

In der Tee- und Wärmestube – man nannte sie, glaube ich, Halle – wurde ich ein abendlicher Stammgast, denn da gab es eine Menge Zeitungen, die allerdings nicht ganz intakt waren, weil sie durch zuviele Hände gingen. Die Bemühungen des Personals und der philantropischen Helferinnen, den Lärm zu dämpfen, für Ordnung und Sauberkeit zu sorgen, blieben im wesentlichen ohne Erfolg. Ich war's gewohnt, mich beim Lesen von Gesprächen nicht stören zu lassen, die fortgesetzt an mein Ohr drangen.

Talmud-Thora-Schule in der Malzgasse. 1920

Hakoah

Friedrich Torberg

Warum ich Hakoahner wurde? Warum ich stolz darauf bin, es zu sein? Warum ich glaube, daß es eine „Hakoah" geben mußte?

Weil sie den Andern beigebracht hat, „Herr Jud" zu sagen.

Meine Erinnerungen reichen bis in die sogenannte „Pionierzeit" zurück, als die damals noch zweitklassige „Hakoah" sich auf erbärmlichen Vorstadtplätzen mit erbärmlichen Pülcherklubs und deren Anhängern herumschlagen mußte, und als es für einen zehn- oder elfjährigen Buben beinahe lebensgefährlich war, sich als „Hakoah"-Anhänger zu deklarieren.

Die „Hakoah" hatte auf dem Platz des Brigittenauer A. C. zum Frühjahrs-Meisterschaftsspiel gegen die Hausherren anzutreten, die in der Tabelle an vorletzter Stelle lagen, nur einen Punkt vor „Vorwärts 06". Wenn die Brigittenauer gegen „Hakoah" verloren, hatte „Vorwärts 06" noch eine Chance, sich vor dem Abstieg in die dritte Klasse zu retten. Infolgedessen erschien der gesamte Vorwärts-Anhang in der Brigittenau, um für „Hakoah" zu „drucken". Das Spiel stand die längste Zeit 0:0. Trotz ständiger Feldüberlegenheit konnte der „Hakoah"-Sturm gegen die massive Verteidigung der Brigittenauer keine richtigen Torchancen herausarbeiten. Da, endlich bekam Norbert Katz, der wieselflinke „Hakoah"-Linksaußen, einen weiten Vorleger, den er nur noch erlaufen mußte, um dann ungehindert auf das Brigittenauer Tor losspurten zu können. Gewaltiges Anfeuerungsgebrüll erhob sich, in das natürlich auch der „Vorwärts"-Anhang einstimmte. Besonders ein an der Barriere lehnender „Vorwärts"-Anhänger schrie sich die Kehle heiser. Nun pflegt man in solchen Situtationen den angefeuerten Spieler beim Namen zu rufen – aber den kannte der Anfeuerer nicht. Und die übliche Bezeichnung, die er für Juden im allgemeinen parat hatte – nämlich „Saujud" –, schien ihm in diesem Augenblick doch nicht recht am Platze. „Hoppauf!" brüllte er also, und nochmals „Hoppauf!" – und dann kam ihm eine Erleuchtung. Sein nächster Zuruf lautete: „Hoppauf, Herr Jud!"

Hakoah-Fußballer Bela Guttmann. Die Fußball-Mannschaft des Sportclubs Hakoah gewann 1925 die österreichische Meisterschaft.

Du bist ein Jud ...

Ernst Epler

Das war im ersten Weltkrieg. Der Vater war an der Ostfront, die Mutter arbeitete in einem Büro, und ich wurde tagsüber bei einer Tante untergebracht, die als Frau eines Spenglers ebenfalls viel zu tun hatte. Ich wuchs als „Gassenbub" auf. Fünf Jahre war ich alt, als wir Kinder einen Mini-Pogrom veranstalteten. Es war für uns eine große Hetz.

In unserer Gasse war ein polnischer Jude eingezogen, ein langbärtiger Kaftan-Jud mit drei blassen Buben, und alle hatten Schläfenlocken. Sie wohnten ebenerdig in einer kleinen Werkstatt. Und eines Tages rotteten wir Gassenjungen uns zusammen, warfen ihnen die Fenster ein und schrien jauchzend

„Jud, Jud, spuck in' Hut,
Sag der Mama, das is gut"

Der Langbärtige kam heraus und fuchtelte ohnmächtig mit den Armen, seine drei Kinder starrten mit käseweißem Gesicht durch die zerbrochenen Fensterscheiben auf uns. Es war, wie gesagt, eine Hetz.

Nachher erzählte ich meiner Tante, welchen Spaß wir mit dem Juden gehabt hatten. Sie sah mich kopfschüttelnd an. „Wieso? Du bist doch selber ein Jud."

Ich war tief getroffen – nicht deshalb, weil ich dem Juden die Fenster eingeworfen hatte, sondern weil ich auf irgendeine geheimnisvolle Weise ebenso verächtlich und lächerlich sein sollte wie er.

Später tröstete ich mich halbwegs: Ich war immerhin ein „Westjude". Ich war stolz darauf, daß schon mein Urgroßvater in Penzing, damals ein Dorf außerhalb von Wien, gelebt hatte und daß meine Groß m a m á (Betonung auf der letzten Silbe!) ein unverfälschtes Wienerisch sprach. Über meine Groß m u t t e r, die Mutter meines Vaters, die aus einer kleinen slowakischen Judengemeinde kam, schwieg ich lieber.

Die Groß m u t t e r starb noch bevor Hitler kam, und die Groß m a m a weigerte sich, unter Hitler auszuwandern. „Der Hitler ist ja nur gegen die Polischen. Ich bin eine Wienerin und ich bleib in Wien und in Wien möcht ich auch sterben." Die Nazi taten ihr nicht den Gefallen. Sie starb in Theresienstadt.

Mein Vater war ein alter Sozialdemokrat, einer der ersten Mitglieder der Angestellten-Gewerkschaft. Damals, zu Beginn des Jahrhunderts, war es beruflich mit Schwierigkeiten verbunden, Gewerkschaftler zu sein.

Er arbeitete als Buchhalter im Textilviertel – ich bewunderte ihn, wie er vor dem Schreibpult stand und ein großes Buch immer genau in der richtigen Rubrik mit Worten und Zahlen kalligraphisch beschriftete. Er war überzeugter Pazifist. Später erzählte er mir, wie er im Krieg immer sehr genau gezielt hatte, um, wenn ohne eigene Gefährdung möglich, in die Luft zu schießen. Zweimal wurde er verwundet, dann reichte es ihm, und er begann zu „tachinieren". Schließlich befehligte er als Feldwebel ein Kommando, das den im Wiener Garnisonsspital verstorbenen Soldaten drei Salven über das Grab schoß.

Vor dem Krieg hatte er nicht viel von Religion gehalten, aber nach seiner zweiten Rückkehr von der Front wurde er religiös. Ich hatte den Vater sehr gern, doch seine Religiosität langweilte mich. Die Chanukkalichter – jeden Abend eines mehr – waren hübsch, und das feierliche Essen zu Pessach war großartig, aber die endlosen Litaneien in dem mir unverständlichen Hebräisch waren überaus fad. Ich versuchte es später mit der neben dem Hebräischen abgedruckten deutschen Übersetzung, aber die war auch nicht lustiger.

1918, im Jahr des „Umsturzes", kam ich in die Volksschule. Am ersten Tag rissen wir das Bild des Kaisers Karl aus dem Lesebuch, aber sonst änderte sich nichts. Der Hunger, den wir Kinder zuletzt in der Monarchie gehabt hatten, blieb uns auch in der Republik treu. Wir wohnten im Judenbezirk, in der Leopoldstadt, aber von Vorurteilen gegen Juden bemerkte ich vorerst nichts. Wir saßen in der gleichen Klasse, Juden und Nichtjuden, und fürchteten uns vor dem gleichen Lehrer, der bei jedem Vergehen das Staberl auf die ausgestreckten Handflächen sausen ließ. Nur beim Schulgebet ... Vor Beginn des Unterrichts mußten wir uns alle neben die Bänke stellen, und während die Christen „Vater unser" leierten, stand ich stumm da und empfand ein brennendes Gefühl der Isolierung.

Unsere Gasse, die Blumauergasse, war „gemischt". Der Faßbinder im Haus war Christ, der Schlosser Jude, der Friseur Christ, die Modistin jüdisch und so weiter.

Unter den Juden gab es „nationale" Abstufungen. Oben standen die wenigen Sephardim, die vor Jahrhunderten aus Spanien vertrieben worden und meist auf dem Umweg über die Türkei hergekommen waren. Sie hatten ihre prächtig-überladene Synagoge in der Zirkusgasse und waren meist reich. Unser Nachbar war ein Sephard. Er hieß Buonaventura, sprach mit seinesgleichen ein wohlklingendes Spaniolisch und hatte im Vorzimmer – weiter kam ich nie – einen kunstvoll geschnitzten türkischen Schemel, ein „Stockerl", das ich sehr bewunderte. Dann kamen die „Westjuden", die schon gut Hochdeutsch und auch Wienerisch (mit einigen eingestreuten jiddischen Brocken wie etwa „nebbich") sprachen. Die unterste Kategorie waren die „Polischen", die Juden aus Polen mit ihrem singenden Jiddisch, das wir verächtlich „Jargon" nannten.

Manche „Polische" begannen sich berufsbedingt, etwa wenn sie kleine Geschäftsleute waren, zu assimilieren. Sie entfernten sich von ihrer orthodox-religiösen Tradition. Die „Orthodoxen" lebten in einem mit unsichtbaren Mauern umgebenen Getto. Sie hielten sich von allen anderen Juden hochmütig fern. Ich begriff nicht, warum sie nicht zur Kenntnis nehmen wollten, daß sie nach allgemeinem Übereinkommen zur untersten Unterschicht gehörten.

Doch das war im ersten Nachkriegsjahr nicht so wichtig. Der Vater war Arbeiterrat und Betriebsrat in der Bekleidungsstelle, welche die Heimkehrer mit schlechtsitzenden Zivilanzügen versorgte. Auf der Straße sangen wir

„Wer wird uns die Straßen jetzt kehrn?
Die noblichen Herrn
Mit die goldenen Stern,
Die wer'n uns die Straßen jetzt kehrn!"

Und ich versuchte meine Buchstabierkünste zuerst in der „Arbeiter-Zeitung".

Wir hörten zwar auch von jüdischen Schiebern und Kriegsgewinnlern, von Börsenspekulanten und Bankjuden, und in der A.Z. wurden die Kapitalisten immer mit gebogenen Nasen karikiert, aber das ging uns nichts an, wir hatten mit solchen Leuten nichts zu tun, wir verachteten die Bosel und die Castiglioni und die anderen Juden, die damals meteorhaft am Börsen- und Bankenhimmel aufstiegen und wieder untergingen. Wir fühlten mit ihnen keinerlei Solidarität. Und wir hatten ja auch nicht so krumme Nasen wie die Kapitalisten in der A.Z. Na, eben!

Die Bekleidungsstelle wurde geschlossen, und Vater arbeitete wieder am Salzgries. Die Chefs waren dieselben wie vor dem Krieg, aber sie hatten ein wenig von ihrem Flitterglanz verloren. Die reichen Textilherrn hatten sich in der Monarchie mit großen Spenden für Spitäler und Waisenhäuser Adelstitel erkauft, aber nun war der Ritter Pollak von Parnegg wieder ein simpler Pollak und der Mandel-Mallenau bloß ein Herr Mandel. Geblieben war ihre Arroganz und ihre Abneigung gegen Gewerkschaftler und Sozis.

Vater stand wieder vor dem großen Hauptbuch und malte schwungvoll Buchstaben und Ziffern. Als die große Krise kam, wurde er arbeitslos. Ich war

Taborstraße; Leo Glückselig zeigt stolz sein Puch-Touring-Fahrrad, das er zur Bar-Mizwah-Feier im Mai 1927 bekommen hat. Als eine Verordnung im Sommer 1938 Juden den Besitz von Skiern und Fahrrädern untersagte, mußte er sich davon trennen.

inzwischen schon im Gymnasium Zirkusgasse im 2. Bezirk.

Die Schüler des BG 2 kamen zu mindestens 50 Prozent aus jüdischen Familien, die meist im Prater wohnten. Unter den Professoren gab es neben dem jüdischen Religionsprofessor nur einen einzigen Juden, und der war – der Turnlehrer. Die anderen Lehrer waren meist christlichsozial oder großdeutsch. Für uns jüdische Schüler war der Unterschied kaum merkbar, denn die Christlichsozialen waren ebenso wie die Großdeutschen Antisemiten, auch wenn sich manche Professoren bemühten, im Unterricht ihre Vorurteile nicht merken zu lassen.

In der Klasse gab es eine scharfe Trennung zwischen Juden und Nichtjuden, die sich allmählich zu „Ariern" entwickelten. Wir saßen nebeneinander, schrieben voneinander ab und sagten einander ein; aber in den Pausen oder nach der Schulzeit sprachen wir mit den jeweils „Anderen" nur das Notwendigste. Diskussionen über das, was uns trennte, waren unmöglich. Argumente gegen den Antisemitismus wären ins Leere gegangen. Der „jüdische Intellekt", der solche Argumente vorbringt, disqualifiziert sich damit selbst. Er ist eben volksfremd. Zwischen einem „parasitären Gastvolk" und dem „allzu geduldigen Wirtsvolk" gibt es keine Brücke.

Es war für mich eine qualvolle Erfahrung.

Als erstes Buch, das ich mit Verständnis gelesen hatte, waren mir noch in der Volksschule die „Deutschen Heldensagen" in die Hände gefallen, und ich hatte sie begeistert verschlungen. Später, als Gymnasiast, berauschte ich mich an den mythologischen Konstruktionen, an der „germanischen" Lyrik wie an den gewalttätig auftrumpfenden Fortissimi Richard Wagners – obwohl mir manchmal schon aufdämmerte, daß Räusche ungesund sind. Ich las Weininger, der „bewies", daß Frauen und Juden minderwertig sind, und, selbst Jude, für sich die tödliche Konsequenz gezogen hatte. Wäre ich nicht selber Jude – wer weiß, ob ich nicht schließlich bei

Geschäft in der Oberen Donaustraße. 1927

den Nazi gelandet wäre? Diese Annahme ist auch statistisch wahrscheinlich: Der größte Teil meiner „arischen" Klassenkollegen ist früher oder später auf die Nazi hereingefallen.

(Meine Selbstverachtung, die ich damals vergeblich bekämpfte, wird als der typisch jüdische Selbsthaß bezeichnet. Aber er ist, wie so vieles andere „Typische", nicht typisch jüdisch. In den USA der vierziger Jahre ließen sich viele Neger vom Friseur das Wuschelhaar glattbügeln und vom Fotografen die Porträtfotos überbelichten, damit sie wenigstens auf dem Foto halbwegs wie Weiße erschienen. Ich lebte damals in der Nähe von Harlem, dem Negergetto. Ich verstand ihre vergeblichen Versuche, so schön zu sein wie das ihnen feindliche Schönheitsideal.

Ich verstand sie. Aber im siebenten Jahr meines Aufenthaltes in den USA entdeckte ich plötzlich, daß die rassistischen Vorurteile, die „in der Luft lagen", auch mich infiziert hatten. Ich schämte mich. Und ich versuchte, meine instinktive Voreingenommenheit gegen Neger durch besondere Freundlichkeit gegenüber meinen schwarzen Arbeitskollegen

im Betrieb zu maskieren. Doch sie wehrten ab. Sie rochen den Braten. So wie ich heute Philosemitismus rieche.)

Kann man in einer verrückten Welt normal sein? Kann man in einer von Vorurteilen vergifteten Gesellschaft vorurteilsfrei bleiben?

Da hatte ich also als Obermittelschüler auf meinen mageren Schultern mit der Last der Pubertätsprobleme auch noch das drückende Gewicht des Judenproblems zu tragen.

Die meisten meiner jüdischen Mitschüler kamen aus ostjüdischen Familien, in denen es noch bedeutende Reste der Lebensweise des Schtetls gab. Der Ausweg in den Zionismus lag für sie nahe. Es war allerdings, wie sich später herausstellte, ein lauer, eher platonischer Zionismus. Damals ging ein böser Witz um: „Ein Zionist ist ein Jud, der einen anderen Juden mit dem Geld eines dritten Juden nach Palästina schickt."

Außerdem: War für unsere Generation eine Rückzüchtung zum nationalen Ur-Rind möglich? Und war sie überhaupt wünschenswert? „Seid stolz darauf, daß ihr Juden seid!" predigte unser zionistischer Religionsprofessor. Aber worauf sollte ich da stolz sein? Was würde ich über einen nichtjüdischen Mitschüler denken, der sagt: „Ich bin stolz darauf, daß ich Nichtjude bin!" ...

Jude sein ist eine Last. Ich erinnere mich, wie ich als Kind die Röteln hatte. Die Pusteln juckten scheußlich, ich konnte mich nicht beherrschen und kratzte und kratzte. Da beugte sich der Vater über mich: „Halt still, auch wenn es schwer ist. Du bist ein Jud und du wirst Ärgeres aushalten müssen."

Inwieweit bin ich überhaupt Jude? Die jüdische Religion ist mir gleichgültig; eine jüdische Tradition lebt in mir nur noch in minimalen Resten weiter; ich war zwischen der Arbeiter-Zeitung und den Deutschen Heldensagen aufgewachsen, und in der Schule wurde ich mit hohlem Humanismus, Deutschtümelei und subkutanem Antisemitismus vollgestopft. Und alle diese Rechnungsposten sollten unterm Strich das Resultat ergeben: Der Ernst Epler ist ein Jude.

Trotzdem: Er i s t ein Jud. Aber nur so lange, wie ihn seine nichtjüdische Umwelt als Juden verachtet. Mit anderen Worten, er ist ein Jud, solange es Antisemitismus gibt. Man muß daher einen Zustand schaffen, in dem der Antisemitismus abstirbt. Das verspricht der Sozialismus. Die Sozialdemokratie ist in diesem antisemitisch verseuchten Österreich die einzige Massenpartei, die an führenden Stellen Juden hat und Juden als Gleiche unter Gleichen aufnimmt.

Meine Freunde und ich traten dem Verband Sozialistischer Mittelschüler bei. Wir waren im VSM Leopoldstadt fast lauter Juden. Wir hatten nur drei Nichtjuden. Sie kamen aus tief überzeugten sozialistischen Familien und hielten unerschütterlich zu uns, obwohl sie von ihren nichtjüdischen Kollegen verachtet und sozial boykottiert wurden. Was sie an uns kettete, war wahrscheinlich nicht nur ihre Überzeugung, sondern auch das, was die Gegner als „zersetzenden jüdischen Intellektualismus" bezeichneten: unsere geistige Unruhe und unsere Lust, das Selbstverständliche immer wieder in Frage zu stellen.

Und wir begannen auch, uns gegen schulische Verblödung und Verhetzung zu wehren.

Ich erinnere mich an meinen deutschtümelnden Deutschprofessor. Mit Goethe konnte er nicht viel anfangen, aus Schiller holte er sich die nationalistisch-kriegerischen Stellen heraus, die er aus dem Zusammenhang riß, und Dichter wie Heine tat er verächtlich ab („Ein Jude. Er starb in der Matratzengruft an Syphilis ..."). Als Aufsatzthemen gab er „idealistische" Sprüchlein („Armut ist ein großer Glanz von innen" oder so ähnlich) oder erhaben-nationale Schlagworte („Deutsch sein heißt treu sein"). Ich machte mir ein Vergnügen daraus, im Aufsatz seine Spruchweisheiten mit der tristen Realität zu konfrontieren. Natürlich bekam ich dabei immer ein Nichtgenügend. Und zur Abschreckung der Mitschüler mußte ich jeweils den Aufsatz auch vorlesen, bis der Professor merkte, daß die Kollegen meine Zynismen genossen. Mehrmals hielt er mir vor: „Epler, Sie haben keine nordische Denkungsart!" Und als Gipfel der Beleidigung: „Aus Ihnen wird sicher noch ein Journalist!!!" Womit er sogar recht hatte.

Geschichte lernten wir anfallsweise. Wo es nur möglich war, suchten wir uns die entsprechenden geschichtlichen Bemerkungen aus Marx und Engels heraus und schmetterten sie unserem Geschichtslehrer, der nichts als Namen und Daten verlangte,

Zionistische Jugendgruppe Leopoldstadt. 1926

ins Gesicht. Er verstand sowieso nur selten, was er da zu hören bekam.

Das Resultat: In der sechsten Klasse fiel ich mit Aplomb durch, mit mehreren Nichtgenügend und im Betragen einem „Nicht entsprechend" und der beigefügten Erklärung „wegen zynischen Benehmens gegenüber Lehrpersonen."

Ich war stolz darauf. Meine Eltern allerdings waren traurig. Der Vater war längst arbeitslos. Die Bücher hatte ich, meist in zerfetztem Zustand, aus der Schülerlade bezogen, vom Schulgeld war ich befreit, weil ich ein Armutszeugnis beibringen konnte, aber nun hatte ich ein Jahr verloren, und die Schulgeldbefreiung war vorläufig pfutsch. Sollte ich die Schule verlassen und eine Lehre oder irgendeine Arbeit suchen? Es gab 600.000 Arbeitslose ... Schließlich entschlossen wir uns, daß ich die Klasse wiederholen sollte.

Die Zeiten waren schlecht und wurden immer schlechter. Ich gab Nachhilfestunden, schrieb für Mitschüler brav deutsche Hausarbeiten, versuchte mich später an der Universität einmal als Erzieher und wurde hinausgeworfen, weil ich meinem Zögling das Schmatzen beim Essen verbot, schrieb Lehramtsprüfungsarbeiten für S 150,– das Stück und Dissertationen für S 200,– das Stück. Sie waren nicht mehr wert, aber ich schrieb sie dem jeweiligen Professor „an den Leib", sie wurden angenommen und heute läuft so mancher aufgeblasene Tepp herum, dem ich zum Doktortitel verholfen habe („Wer inskribiert und nicht krepiert, der promoviert").

Mein Vater bezog Notstandsunterstützung III (es gab sogar im Notstand noch Abstufungen nach unten) und „pfuschte". Er lief mit einem schweren Musterkoffer von einem Textilgeschäft zum anderen. Wenn er in ein Geschäft kam, erzählte er zuerst einige jüdische Witze, um den Chef günstig zu stimmen. Und dann öffnete er den Koffer. Manchmal erhielt er sogar eine Bestellung, und davon fielen für ihn ein paar Schilling Provision ab. Wenn er abends müde heimkam, sah ich, wie er unter dieser Entwürdigung litt.

Einmal nahm er seinen Mut zusammen und fragte bei der konsumeigenen Stafa nach, ob sie vielleicht einen Verkäufer brauchten. Die Antwort: „Lieber Genosse Epler, wir haben bei uns schon genug Juden, du mußt verstehen, das ist für den Verkauf nicht gut." Das war für den alten Sozialdemokraten und Gewerkschaftler ein schwerer Schlag. Er wurde noch mehr religiös, verkapselte sich in sich selbst und lebte nur auf, wenn er in der Betstube mit „seinen" Juden zusammentraf.

Dann kam der März 1938. Und alle bisherigen Probleme schrumpften zu Problemchen. Es ging nicht mehr darum, wie man als Jude lebt, sondern ob man als Jude am Leben bleibt.

Die 1893 eröffnete „Polnische Schul" in der Leopoldsgasse 29. Dort wurde der Gottesdienst nach polnisch-jüdischem Ritus abgehalten. Um 1900

Künstlertreff Theatercafé in der Praterstraße. Um 1935

Entzauberte Praterstraße

Peter Herz

Es war einmal eine Praterstraße. Zwar gibt es diese Praterstraße noch immer, aber jene, die einst so einen besonderen Zauber hatte, ist dahin – ist entzaubert. Damals war sie vornehmlich eine jüdische Praterstraße. Was da jetzt dem Praterstern zustrebt, ist eine unpersönliche, nüchtern-solide Wiener Bezirksstraße, der man damit Eigenschaften zuerkennt, die sie vor ihrer Entzauberung nicht hatte.

Die Geschichte dieser Straße erzählt davon:

Zunächst siedeln sich auf dieser Jägerzeile einstiger Namensgebung die Jäger und Jagdhüter des kaiserlichen Jagdgebietes Prater an, dann bauen Aristokraten und Staatswürdenträger hier ihre Palais. Eines von ihnen – das des Oberstküchenchefs Graf Bellegarde – ist noch heute in desolatem Zustand erhalten. Aber später beziehen schon Juden diese Praterstraße – es sind Wirtschaftsgrößen, Finanzbarone, Großindustrielle. Sie schließen sich mit schönen Bauten den Aristokraten an, bis ihnen dann allmählich diese Straße zu bürgerlich, zu wenig vornehm erscheint. Sie verlassen sie also, und nun rückt der jüdische Mittelstand nach, darunter auch Künstler, Musiker, Maler, ebenso Gelehrte und Ärzte. Die Straße besitzt einen großen, weit strahlenden künstlerischen Mittelpunkt: das Leopoldstädter-, später Carltheater. Diese Bühne zieht Darsteller, Autoren, Komponisten magisch in den Bann des Viertels. Hier leben sie, schaffen sie, vergnügen sie sich. Im Hotel „Goldenes Lamm" findet Jacques Offenbach, der jüdische Maestro aus Paris, sein ständiges Wiener Quartier, und im alten Café Stierböck einen vertrauten Freundeskreis mit Mokka und eventueller Tarockpartie: Johann Nestroy, Carl Treumann, Wenzel Scholz, Matras, Blasel, Knack, Kapellmeister und Komponist Franz von Suppé, sogar der uralte Bäuerle taucht da noch manchmal auf. Die Erwähnten sind keine Juden, jedoch durch Offenbach wird auf der Praterstraße die Operette heimisch, sie bringt viele Juden hierher und erlebt nach der Jahrhundertwende ihre zweite Blüte, wodurch nun in den Kaffee- und Gasthäusern rings

Praterstraße mit dem Carl-Theater, das 1929 geschlossen wurde.

um das Carltheater – im „Moser" (Mendel), im „Tiphoxilos", beim „Grünen Jäger", beim „Tiger", im „Berlin" und im späteren „Fürstenhof" – die neuen jüdischen Operettenkönige Oscar Straus, Leo Fall, Edmund Eysler, Leo Ascher und viele Bühnenlieblinge, darunter Louis Treumann, Arthur Gutmann, Fritz Werner (Herzl) und andere der Carltheatergrößen anzutreffen sind. Die Praterstraße ist überhaupt eine Zeile von Kaffeehäusern geworden – „a Jud g'hört ins Kaffeehaus" sagt man in der Leopoldstadt –, und so gibt es bald hier kaum ein Haus, in dem sich nicht irgendein Gaststättenbetrieb, meistens ein Kaffeehaus, befindet. Diese Straße voller Cafés nimmt an den Theaterschlachten, die da auf „ihrer Bühne", dem Carltheater, ausgetragen werden, lebhaftesten Anteil. So betrachten es die hier ansässigen, reichen „türkischen" Teppichhändler – die Adutt, Farchi, Ephrussi, Benvenisti usw. – als Ehrenpflicht, zu jeder Carltheaterpremiere korporativ zu erscheinen. Alle diese jüdischen „Sepharden", die sich hier in der Leopoldstadt den herrlichen „türkischen" Tempel erbauen ließen, sind Theaterliebhaber im allgemeinen – und mancher schönen Carltheater-Choristin im besonderen ...

Ja – Begeisterung und Schwärmerei für Stars, aber auch für kleine Theaterdamen, wurden hier immer groß geschrieben. Einmal war es Therese Krones, die auf der Praterstraße – im „Weintraubenhaus" dicht an ihrem Theater – logierte und Ziel aller Anhimmelungen war; später die Therese Biedermann und schließlich Fritzi Massary, gebürtig aus der Blumauergasse in Wien 2, die Wien aber bald verließ, um dann in Berlin viel umjubelte Operettenkönigin zu werden.

Jedoch war es nicht das Carltheater allein, das auf der Praterstraße Kunstgenüsse zu bieten hatte. Da war zum Beispiel die kleine „Roland-Bühne", die es einmal zu nicht weniger als 700 Ensuite-Aufführungen des pikanten Pariser Schwanks „Das Bett" brachte, da befand sich Sandor Brett's Varieté „Reklame" mit sämtlichen Lieblingen des Brettls und auch, nachdem es aus der Taborstraße ausgezogen war, das „Budapester Orpheum", die berühmteste Possen-Bühne Wiens – Heimstätte des jüdischen Witzes, mit der sämtliche große

Das Café Reclame und die Obere Donaustraße. Um 1900

Namen des Genres nun auf der Praterstraße Einzug hielten: Heinrich Eisenbach, Max Rott, Armin Berg, Paula Walden, Risa Basté plus den Hausautoren Glinger & Taussig, Schöpfer dieser umwerfend lustigen Possen, die Lachstürme entfesselten, wie es sie in Wien eben nur auf der Praterstraße gab.

Aber auf dieser „wilden" Straße gab es noch viele andere Tingeltangel, Unterhaltungsstätten, Konzertcafés jeglicher Art – da klimperte es auf den Klavieren, fiedelten ungarische Zigeuner, gab es Tamburitzaklänge ...

Und so konnte auch nirgendwo anders als hier auf der Praterstraße sich das Artistencafé befinden – Zusammenkunftsort, Börse, Vermittlungsstelle sämtlicher in Wien befindlicher Artisten. Da war beim nachmittägigen Mokka der arme, arbeitslose Artist genauso anzutreffen wie Rastelli, König der Jongleure mit seiner Stargage, hier saß auch Breitbart, der stärkste jüdische Mann seiner Zeit, größte Ronacherattraktion, der mit jüdischen Fahnen auf der Bühne einzog, um dann die stärksten Eisenstangen zu biegen und Lastautos über sich fahren zu lassen. Hier trieb sich auch zwischen den Marmortischen die ganze Schar der Anhängsel – der Hilfskräfte – herum, die zur Artistenschaft gehören, also Agenten, Vermittler, Klavierbegleiter usw. Satte und Hungrige, die nach irgendeiner Beschäftigung

Gastspiel der jüdisch-amerikanischen melodramatischen Bühne aus New York am Carl-Theater. 1925

Ausschau hielten, um sich ein Nachtmahl leisten, ihr ärmliches Hotelzimmer bezahlen zu können! Da saß unter ihnen auch ein gewisser Steinschneider, kleiner jüdischer Kabarettautor, der später als Telepath unter dem Namen „Eric Jan Hanussen" berühmt, aber auch berüchtigt wurde, weil er sich als Jude den zur Macht gekommenen Nazis anbiederte, als Hellseher ihnen genehme Horoskope stellte, aber trotz seiner Hellseherei seine spätere eigene Ermordung durch die braunen Verbrecher nicht voraussah!

Was gäbe es nicht noch alles von dieser einst so beschwingten Praterstraße zu berichten und von den so zahlreichen Nachtcafés, mit ihrem Betrieb bis in den Morgen hinein. Zum Beispiel vom Sänger der Praterstraße Carl Ujvary, der in seinem Lokal die Tagesschlager von Wien kreierte. Je mehr es gegen den Praterstern zuging, umso tiefer sank das Niveau der Gaststätten. Da gab es zum Beispiel ein Café Madrid, das auf der Suchliste der Kriminalpolizei Vorrang hatte, wenn es galt, nach einem Defraudanten zu fahnden. In diesen und ähnlichen Lokalen trieben sie sich herum, Falschspieler, kleine Diebe, Zuhälter und ihre „Damen" ... Auch das gehörte eben zu dieser wilden Straße.

Ver. zion. soz. Arb. Org. — Liga für das arbeitende
Poale Zion — Hitachduth Palästina in Oesterreich

Mittwoch, den 9. März 1932, um punkt 8 Uhr abends in den Jüd. Künstlerspielen (Theater „Reklame") II. Praterstr. 34

Sondervorstellung

Zur Aufführung gelangt:
Der Abtrünnige (Moschke Chasir)
von Berkowitsch
In der Titelrolle:

Dr. Paul Baratof (Ben Zwi)

Karten in allen Preislagen im Borochowheim, II., Blumauergasse 1 täglich von 5—8 Uhr abends.

Die Budapester

Friedrich Torberg

Sie hießen »Die Budapester«, weil sie ursprünglich aus lauter Budapestern bestanden und weil das Theater, in dem sie ihre Schwänke und Soli darboten, sich ursprünglich in Budapest befand. Übrigens wurde damals, vor 1914, auch in Budapest jeweils einer der drei Einakter des Programms in deutscher Sprache gespielt, oder, um es vorsichtiger auszudrücken: in jenem ans Deutsche anklingenden Verständigungsmittel, auf das sich der mährisch-ugrische Kulturkreis mit der Wiener Kultusgemeinde geeinigt hatte – und das vom richtigen Jiddisch, wie es im Osten der Monarchie gesprochen wurde, ebenso weit entfernt war wie vom richtigen Deutsch. Es war ein durchaus eigener, auf ganz bestimmte Landschafts- und Gesellschaftsschichten beschränkter Jargon, den man oft schon in Prag nur unter Zuhilfenahme eines Brünner Dolmetschers verstand und den man in Hietzing, ja wohl gar in den besseren israelitischen Kreisen des neunten Bezirks, nicht minder verachtete als in Lemberg oder Czernowitz (wenn auch aus anderen Gründen).

Das also waren die »Budapester«, und die habe ich nicht mehr gekannt. Die kenne ich nur aus schwärmerischen Erzählungen. An ihren Star, den 1925 verstorbenen Heinrich Eisenbach (den Karl Kraus für einen der größten Schauspieler seiner Zeit gehalten hat), kann ich mich zwar aus meiner frühreifen Jugend noch recht genau erinnern, aber ich habe ihn nur auf regulären Bühnen spielen sehen, und selbst als »Budapester« war er kein ganz echter »Budapester« mehr, sondern eigentlich der Star eines schon in Wien ansässigen Ensembles, das von der Originaltruppe außer dem Namen und dem Jargon nur die eine oder andre schauspielerische Auffrischung bezog. Dieses Ensemble, nach Eisenbachs Tod hauptsächlich auf Armin Springer, Sandor Rott, Armin Berg und Paula Walden gestützt, hat unter wechselnden Bezeichnungen und in wechselnden Heimstätten noch bis 1938 gespielt. Und diesem Ensemble habe ich die ersten Begegnungen mit Hans Moser zu danken.

Bei den »Budapestern« – nennen wir sie so, obgleich sie selbst im letzten Jahrzehnt ihres Bestehens sich nicht mehr so genannt haben – gab es zwei Rollenfächer, die nie mit Budapestern im eigentlichen, jargongebundenen Sinn besetzt wurden: das Fach des draufgängerischen Liebhabers und das Fach jedweder manuellen Arbeitsleistung. Jenes wurde irgendeinem zweitklassigen Vorstadt-Beau anvertraut, dieses – mochte sich's nun um einen Gärtner, einen Feuerwehrmann oder einen Pompfuneberer handeln – war eine Zeitlang die unumstrittene Domäne Hans Mosers. Es wurde überhaupt erst durch ihn zur Domäne. Denn vorher gab's da nichts zu dominieren. Und wer sich der strengen, fast schon an die Commedia dell'arte gemahnenden Typologie des Jargonlustspiels entsinnt, wird ermessen können, was das heißt, bei den »Budapestern« in diesem vernachlässigten Rollenfach Karriere zu machen. Er wird auch den vehementen Theaterinstinkt würdigen, der dort obwaltete und der es zuließ, daß Hans Moser seine Handlanger-Figuren vom Rande des Geschehens immer mehr in den Mittelpunkt rückte, bis zur eindeutigen Szenenbeherrschung, bis die Hausdichter des Theaters eigene Moser-Rollen zu schreiben begannen und bis es geschehen konnte, daß der Armenrat Pomeisl, der nur als Aufputz zur Hochzeit des protzigen Parvenus geladen war, sie plötzlich zentral überwuchtete. Unvergeßlich, wie Hans Moser, eben noch intensiv mit dem Essen beschäftigt, auf die lässig hingeworfene Konversationsfrage des Hausherrn »Na, Herr Armenrat, und was tut sich in Ihrer Branche?« langsam das Besteck hinlegt, wie er mit zwinkerndem Luchsauge die Chance wahrnimmt, das Gespräch an sich zu reißen, wie er mit immer neuen, immer unerwünschteren Auskünften den vergebens nach Hilfe spähenden Fragesteller umfängt, überwältigt, erdrosselt und völlig lahmlegt – was dann die fürchterlichsten Folgen für die mühsam aufgebaute Sozialstruktur der Tafel und für die ganze Handlung hat. (Es war dieser Sketch, der mich bis heute davon träumen läßt, als Gegenstück zur »Hamburgischen Dramaturgie« eine Art »Budapester Dramaturgie«

Die russisch-jüdische Volksbühne gastiert mit dem Stück „Der Dybuk" von An-ski.

abzufassen und ihren Einfluß auf die später in aller Welt erfolgreiche panmagyarische Schule des Marton-Verlages nachzuweisen. Vielleicht ist mir das noch einmal vergönnt.)

Oder der arme, ehrsame Uhrmacher, dem sein Gehilfe immer wieder beizubringen versucht, daß er's nie zu etwas bringen würde, wenn er kleine Reparaturen so billig durchführt, statt sie, deren Schwierigkeit doch niemand kontrollieren kann, als möglichst kostspielig hinzustellen. In die Tochter des redlichen Mannes aber – auf die der Gehilfe, in idealer Verknüpfung der Liebesgeschichte mit der Haupt- und Staatsaktion, ein Auge geworfen hat – ist der Sohn eines stinkreichen Fabrikanten verliebt und will sie heiraten. Und natürlich erscheint dieser Fabrikant eines Tages inkognito im Uhrmacherladen, um sich den künftigen Brautvater näher anzusehen. Und reicht ihm die natürlich vollkommen intakte goldene Taschenuhr zur Prüfung. Unvergeßlich, wie Hans Moser, vom teuflischen Gehilfen ermuntert, mit eingeklemmter Lupe zum inneren Kampf antritt und sich ein immer besorgteres Kopfschütteln abringt: »Ts, ts, ts ... so eine schöne Uhr was das ist ... und bitte gar nicht in Ordnung!« Unvergeßlich, wie er als Sarglieferant irrtümlich in eine Hochzeitsgesellschaft gerät statt zur Trauerfeier, und wie seine Fassungslosigkeit über die allseits herrschende Frohlaune sich erst am Anblick der schluchzenden Brautmutter beschwichtigt, der er denn auch mit einem herrlich befriedigten »So g'hört's es sich!« auf die Schulter klopft. Unvergeßlich noch vieles, vieles andere aus jener Zeit, die ihm schließlich den unerhörten Triumph einbrachte, daß die Budapester Hausautoren für ihn, den Ganzundgarnicht-Budapester (der freilich eine ergiebige Lehrzeit an östlichen Provinzbühnen hinter sich hatte) sogar eigene Jargonrollen schrieben, darunter den Nachtbankier, der sozusagen strichweise auf der Kärntner Straße amtiert, den Heiratsvermittler und Krankenkassenpatienten. Von diesem Ritterschlag war es dann nur noch ein Schritt zur Erhebung in den Reinhardtstand ...

II. Praterstr. 60.
Jüdische Bühne
K. LANDAU.
LEHRER
Jüdische Bühne.

Eisenbach

Felix Salten

Zum Teil ein Clown, zum Teil ein Faun.

Irgendwo, in einem Winkel seiner Seele, tief verschüttet unter dem Aschenregen jahrzehntelanger Selbstverspottung und Possenreißerei: ein Rest von Schwermut. Im Schwall seiner unerschöpflich hervorstürzenden, allzu erbötigen Späße manchmal die aufblitzenden Funken der Dämonie.

Ein Gesicht, das sich bei der leisesten Bewegung schon zur Fratze verzerrt. In seinem Ausdruck gescheit bis zu jener Schärfe, vor der die anderen in Verlegenheit geraten, und zugleich sinnlich bis zum Obszönen, so daß nicht bloß die Prüden allein davor verlegen werden können. Ein Gesicht, das sich wie mit Messern ins Gedächtnis schneidet. Augen, deren kleines, heißes Spritzfeuer sich unlöschbar in die Erinnerung brennt. Nicht mehr möglich, es je wieder zu vergessen, wenn man es einmal gesehen hat. Dieses Gesicht haftet im Gedenken. Die Zeit kann es nicht wegwischen, wird es nicht verschleiern noch vernebeln können; auch jetzt nicht, da Eisenbach tot ist.

Sein Wesen war Urfarbe, war aus unverdünnten Essenzen gemengt und deshalb war seine Wirkung von Anfang an ätzend, aufreizend, unwiderstehlich. Solche Menschen bringt ein Volk hervor, das in Erniedrigung lebt, das aber nach fünfzehn Jahrhunderten noch nicht vermocht hat, sich in Erniedrigung zu gewöhnen. In einem Menschen wie Eisenbach ist es wieder einmal die nie zerstörbare, nicht zu bändigende Lebenskraft, die der Ghetto-Traurigkeit entwischen will. Fluchtartig. Rebellisch geworden und bis zum Rasen gebracht durch den ewig dumpfen Druck, überschlägt sie sich nun in Kontrasten. Pathos des Leidens wandelt sich in zynischen Witz, Verzweiflung kippt um und spottet ihrer selbst in gesalzenen Späßen, tausendjähriger Schmerz wird zum Gelächter eines Abends.

Auf seinem Brettl in der Wiener Leopoldstadt bot Eisenbach diese Volkstümlichkeit. Er war, vielleicht, als Künstler nicht mehr als andere, Vertreter einer anderen Volkstümlichkeit. In seiner Art, vielleicht, nur um weniges höher, als etwa Konrad Dreher. Aber Eisenbachs Volkstümlichkeiten waren beziehungsvoller und in ihren Bezüglichkeiten weniger harmlos. Der Schicksalshintergrund, vor dem er stand, war tragisch dunkler. Deshalb stach er so grell davon ab. Er bot auf seinem Brettl diese zynischen Scherze, die so durchleuchtet sind von unerbittlicher Menschenkenntnis, diese gesalzenen Späße, die laugenscharf sind von unbarmherziger Selbstironie, diese überwältigenden Anekdoten, die erst nachträglich, erst nachdem sie von der allgemeinen Heiterkeit bebrüllt wurden, sich aufschließen und den Kern von Lebensweisheit, den sie bergen, enthüllen. Eisenbach hat unzählige dieser Witze und Possen, dieser Scherze und Anekdoten selbst ersonnen. Er gab sie mit der hinreißenden Energie seines Willens zur Wirkung. Er gab sie mit dem freiheitstollen Gesicht eines Entsprungenen, mit diesem, von wissentlich überlegener Laune zukkenden Gesicht, darauf man taghelle Gescheitheit sah und splitternackte Sinnengier und Nerven, Nerven, Nerven.

Seine Kunst war von der Art, aus der sich die Anfänge des Theaters entwickelten. Er war Improvisator, Rhapsode, Stegreifdichter und Darsteller seiner selbst. Diese Art gedeiht heute nur in seltenen Exemplaren, nur da und dort, in Singspielhallen und ähnlichen Lokalen. Er war, in unserer Zeit, das vollendetste Exemplar dieser Gattung. Ein genialer Komiker ... aber er mußte sich den textlichen Anlaß zur Komik selber schaffen, konnte eine „Rolle" von niemandem anderen empfangen als von sich. Sein Wesen war zu stark, um ein Gängelband zu ertragen, seine Eigenfarbe zu penetrant, um sich mit eines anderen blasseren Farben zu mengen, seine erfinderische Initiative zu lebhaft, als daß sie auf Zufuhr von außen hätte warten können. Er war ein Autor, der selber auf die Bühne ging. Das wußte er nicht. Es macht den merkwürdigen Naivitätszug seines Wesens aus, daß er leidenschaftlich gern ein großer Schauspieler geworden wäre. Aber so wenig die Späße, die Eisenbach ersonnen hat, von einem anderen gesprochen, eine Wirkung geübt hätten, so wenig konnte Eisenbach zur Wirkung bringen, was ein anderer schrieb. Er war eine an sich nicht ganz ungewöhnliche, aber in diesem Persönlichkeitsdrang seltene und kostbare Übergangsform vom Dramatiker zum Schauspieler. Kein Dramatiker, natürlich! Doch in raschen, zwingend lebendigen Andeutungen ein Menschenschilderer. Kein Schauspieler, doch ein blendender Imitator. Das Ganze aber: ein Mensch von prachtvoller Einheit und tiefer Echtheit.

Der Nachruhm eines solchen Künstlers ist kurz, aber schön. Er dauert nur so lange, als noch ein Mensch von denen lebt, die ihn gehört, gesehen und sich an ihm erheitert haben. Erinnert sich von diesen einer noch nach vielen Jahren, dann lächelt er und sagt: Ach ja ... Eisenbach: Das ist sein Nachruhm.

Heinrich Eisenbach, Leiter und Star der „Budapester". Sie spielten im Hotel Stefanie und im Hotel Central. Das Stück „Die Klabriaspartie" erlebte mehr als tausend Vorstellungen.

Dichterlesung

Manès Sperber

Im Herbst 1922 ließ sich ein jüdisches Ensemble, das sich Wilnaer Truppe nannte, für mehrere Wochen in der Leopoldstadt nieder. Sie präsentierte als erstes eine von chassidischem Mystizismus und Aberglauben inspirierte Tragödie, „Der Dibbuk", die seither in viele Sprachen übersetzt und überall mit Erfolg aufgeführt worden ist. Ich sah alle Stücke, die die Wilnaer aufführten. Sie und die Vorlesung eines Dichters, die etwa um die gleiche Zeit stattfand, haben mein Verhältnis zur jiddischen Sprache völlig gewandelt.

Perez Markisch, so hieß der junge sowjetische Dichter, der in europäischen Großstädten aus seinen Werken rezitierte; in Wien war er der Gast der linken Poale Zion. Diese Fraktion teilte mit der alten Partei eine Etage in einem verwahrlosten Haus nahe der Taborstraße. Zu den Rechten gelangte man durch die linke Tür, zu den Linken durch die Tür, die rechts von der Treppe zu zwei winzigen, besonders schlecht beleuchteten Räumen führte. Ich dürfte der einzige junge Mensch unter den etwa 40 Personen gewesen sein, die geduldig auf den verspäteten Gast warteten. Endlich erschien er; er trug einen vom Regen ganz steifen, modischen Trenchcoat, den er sichtlich ungern ablegte. Noch ehe die nicht enden wollende, belanglose Einführungsrede eines Parteimannes zu Ende war und er zu rezitieren begann, hatte Perez Markisch gewonnen, denn er sah genauso aus, wie jeder glaubte, daß ein Poet aussehen mußte. Es war, als hätte seine Schönheit gerade da, im verdüsternden Licht der jämmerlich schwachen elektrischen Birne, eine nicht mehr übertreffbare Vollkommenheit erreicht. Nur einen Augenblick lang verrieten seine Züge, wie sehr ihn der Anblick des spärlichen Publikums deprimierte; er meisterte die Verstimmung und sprach uns mit Worten an, die jeden gewannen, weil jeder glauben durfte, sie wären gerade an ihn gerichtet.

Ich erinnere mich nicht, ob er die Texte vor Augen hatte, doch gewiß kannte er sie auswendig. Und er trug sie vor, als ob sie gerade in diesem Augenblick entstünden. Markisch gebrauchte Wörter, die ich nicht verstand, zumeist russischen oder ukrainischen Ursprungs, wie sie sich im Jiddischen oft mit dem Germanischen und Hebräischen vermengen. Es störte mich nicht, mir war's, als müßte man diese Dichtung verstehen, selbst wenn man die Sprache überhaupt nicht kannte. Tonfall, Musik, Gebärde, der bewegte Oberkörper des Rezitators und sein in Trauer verdüstertes oder in Empörung leuchtendes Gesicht mit den großmütigen Zügen – all das bewegte, begeisterte uns.

Szenenfoto aus „Der Dybuk“

Am Schabbat. 1917

Chanukkahlichter und Klassenbewußtsein

Klara Blum

Die Floßgasse streckt sich grau und naß durch den Dezembermorgen. Die paar Menschen, die man trifft, laufen mürrisch fröstelnd an einem vorbei. Und doch hat sie schon manchmal ganz anders ausgesehen, die arme Floßgasse, etwas Behagliches hat sie oft an sich gehabt, etwas Koscheres. Küchenduft kam von irgendwo hergeweht, da und dort standen in Gruppen Juden und „dillten" sich gemächlich in der trägen Mittagsstunde wie nur in irgend einer Judengasse des Ostens. Aber heute, um diese Zeit, hat die gute koschere Floßgasse ein vergrämtes, nüchternes Großstadtgesicht. Ein Haus nur, die alte Schul, summt leise wie ein Bienenstock, murmelt fortwährend, als ob sie eine eigene Stimme hätte, klagend und eintönig ihre Gebete. Und durch die angelaufenen Fensterscheiben der Milchhalle schimmert zart, wie Baumgeäst, ein Chanukkahleuchter. Dem Karmelitermarkt zu hört man die aufgeregte

Der Karmelitermarkt war das Zentrum der Oberen Leopoldstadt, des Gebiets zwischen Donaukanal, Großer Schiffgasse, Augarten und Praterstraße. Um 1925

Stimme einer Marktfrau: „Bei mir wet Ihr nischt pojlen kin Mezijes."

*

Auf dem Karmelitermarkt, die jüdische Volksküche hat zwei Arten von Besuchern, die dort ihr 60-Groschen-Mittag verzehren. Arbeiter und Arme schlechtweg. Man unterscheidet sie auf den ersten Blick, obwohl die Arbeiter oft nicht besser gekleidet sind als die anderen. Aber sie sind gekennzeichnet durch den Zusammenhang, der zwischen ihnen herrscht, die Art, wie sie einander zurufen, zusammenstehen, zusammengehen. Die Armen haben alle irgendeinen Zug von Seltsamkeit, Einsamkeit. Man findet Schnorrertypen unter ihnen, wie aus den Büchern Mendele Mocher Sforims, Sonderlinge, Outsider des Proletariats.

*

„Ich bin organisierter Sozialdemokrat", sagt der alte Flickschuster, „und wenn Vetter Mordche deswegen schimpft, so weiß ich was ihm zu antworten. Ein armer Mann ist ein Sklave, sage ich ihm, und ein Sklave muß nach der Befreiung streben, sonst verdient er die ärgste Strafe, sage ich ihm." Und, bibelfest, zitiert er sofort den Vers vom Sklaven, der die Freiheit verschmäht. „Aber", fügt er hinzu, „für meine Kinder, sie sollen leben, bin ich weiter nur der alte Jid, der nichts versteht. Ein schweres Geschäft ist das mit meinen Kindern, gesund sollen sie sein. Chaim ist bei den Kommunisten, Dwojrele ist eppes eine Anarchistin, Chancie geht mit ihrem langen Bocher in den Schomer und Leibale, 12 Jahre ist er alt, bis hundertzwanzig, Leibale schreit: ‚Ihr mit eurer Politik seid alle blöd, die Hauptsache ist ein schönes Fußballmatch'." „Und dann", fährt er fort, „verstehen Sie, Freilein, ich bin ein guter Sozialist, aber muß ich mir darum meine Jüdischkeit abgewöhnen, es ist mir so wohl in meiner Jüdischkeit. Jom Kippur habe ich gefastet, wie mein Vater und mein Großvater, so soll ich leben, ich hab einfach keinen Appetit gehabt. Und jetzt habe ich Channukah gehalten, wie es bei meiner Mutter zu Hause war, ich habe die Lichter gebenscht, so süß und schön haben sie gebrannt und geknistert, die kleinen Lichter. Die Kinder haben mich ausgelacht, der Vater, haben sie gesagt, ist ein koscherer Sozialdemokrat. Nun frage ich Sie, Sie sind doch ein gebildetes Freilein, kann man denn nicht ein guter Sozialdemokrat sein und doch Lichter benschen?"

Unsere Bilanz — fällt zu unseren Ungunsten aus!

Kontokorrent mit der Gemeinde Wien 1926.

Leistung der Gemeinde für jüdische Zwecke:	Millionen	Leistungen der Juden an die Gemeinde:	Millionen
Subvention an jüdische Realgymn.	—	Wohnbausteuer des jüd. Realgymnasiums	14
„ „ Kinderfreunde	3	Wohnbau- und Lustbarkeitssteuer der jüdischen Kinderfreunde	12
„ „ Blindeninstitut	10	Städtische Steuern d. Wiener Juden ca.	500.000
„ „ Sportverband	—	Lustbarkeitssteuer des jüd. Sportverbandes	800

Wählet „Jüdische Partei"

Eigentümer, Herausgeber und Verleger: Zionistische Sektion VI—VIII, Wien, VIII., Bennoplatz 1 a — Verantwortlicher Schriftleiter: Paul Stein, XIV., Mariahilferstr. 189. — Druck: Arnold Beck's Erben, VII., Kaiserstr. 81, Tel. 37-3-50.

Das Liebeswerben um die Juden.

August **1914.** — April **1927.**

Der Zar:

„An meine lieben Juden!"

Staatsvertrag von Saint-Germain-en-Laye vom 10. Septemb. 1919
Abschnitt V.
Schutz der Minderheiten.
Artikel 66.

Alle österreich. Staatsangehörigen ohne Unterschied der Rasse, der Sprache oder Religion sind vor dem Gesetze gleich und genießen dieselben bürgerlichen und politischen Rechte.

Unterschiede .. wie namentlich bei Zulassung zu öffentlichen Stellungen, Aemtern und Würden oder bei verschiedener Berufs- u. Erwerbstätigkeiten.

Artikel 67.

Oesterreichische Staatsangehörige, die einer Minderheit nach Rasse, Religion oder Sprache angehören, genießen dieselbe Behandlung und dieselben Garantien, rechtlich und faktisch, wie die anderen österreich. Staatsangehörigen.

Die Sozialdemokraten:

„An die Juden Wiens!"

Sie sagen es aber nicht direkt — soweit erniedrigt sich die sozialdemokratische Parteileitung nicht — sondern sie bedient sich der jüdischen Drahtzieher „der werktätigen Juden".

Darauf haben wir berechtigten Anspruch; diese Rechte werden uns aber seit 7 Jahren durch Bund und Gemeinde vorenthalten.

Wie sind die Wahlaussichten der „Jüdischen Partei"?
In Wien sind 110.000 jüdische Wähler, dies ist ausreichend für 8 bis 10 Nationalratsmandate und 14 bis 16 Gemeinderatsmandate.

Wie weit geht der Einfluss der werbenden Parteien?
Bis zum **Wahllokal.**

1927
Sonntag 24 APRIL

So sieht es in der Wahlzelle aus!

Die Feinde der „Jüdischen Partei" und ihre Agitatoren bedrohen vielfach die jüdischen Wähler mit der Rache der herrschenden sozialdemokratischen Partei. Einerseits lockt man mit leeren Versprechungen, anderseits sagt man den Juden, dass ihnen und ihren Angehörigen bei Erteilungen von Konzessionen, Heimatsrecht, Stellen, Subventionen, Lieferungen etc. Schwierigkeiten bereitet würden, wenn sie nicht rot, sondern jüdisch wählen. Wer solche Drohungen nicht verlachen kann, wer sich beängstigt fühlt, der möge Diskussionen unterlassen und daran denken:

In der Wahlzelle ist man allein!

Jude! Dort kontrolliert Dich nur **Dein Gewissen!**

Lerne aus diesen Bildern u. Zahlen **und wähle die jüdische Partei!**

Aus einer Propagandabroschüre vor den National- und Gemeinderatswahlen 1927: Die Liberalen kandidierten als „Demokratische Liste", die jüdischnationalen Gruppierungen als „Jüdische Partei". Die steten Gewinne der Sozialdemokraten in der Leopoldstadt gingen auf Kosten dieser Parteien.

Novaragasse 44

Hermann Hakel

Hofsänger

1

„Ach, wie so triegerisch sind Weiber-Herzen,
Megen sie brennen, wie Schabbeskerzen!"
Sang der Boiboi seine Rigoletto-Version.
Er war ein alter, versoffener Jude.
Die Münzen vertrank er am Eck in der
Branntweinbude.
Er kam, krähte wie ein Hahn und wankte davon –

2

Die ständige Sängerin in unsrem Hofe eine
magere, jüdische Praterhur war,
Mit „Maxl, spann den Schirm auf!" begann ihre
Strophe,
Mit „Geh, sei gscheit!" schloß ihr Repertoire.
Oft von Erinnerung durchschauert
Sing ich den Text, der in mir überdauert.

Hausbesorger

1

Unsere Hausbesorgerfamilie hieß: JETZT.
Er ein gewesener Jäger. Die Küche voll Geweih.
Er soff immer mehr und ward immer dicker.
Zuletzt
Zogen sie aus und der Mrkwička kam an die
Reih.
Seine Lebensgefährtin versorgte das Haus
Und weil er immer mehr soff, warf sie ihn hinaus.

2

Tagsüber war er Totengräber.
Nachts der Mann der Hausbesorgerin.
Am Sonntag kratzte er die Geige.
Bekümmert schielte er, Gott weiß, wohin –
Wenn uns die Nazischläger holten.
Waren seine Augen vom Weinen rot,
Sein Bild in mir ist ohne Namen.
So lang ich lebe, ist er noch nicht tot.

Die Matscheks gegenüber

Die Alte war schon in Pension,
Aber die zweite und dritte Generation,
Die Mutter noch, die Tochter schon,
Gingen am Praterstern-Strich.
Der fesche Matschek-Sohn
Als Bruder und Onkel lebte davon,
Und Hitler, mit dem ich ihn immer verglich,
Der Oberzuhälter der Nation,
War sein Schutzpatron.

Hausparteien

Vom vierten Stock der Schneider Stolacek.
Der ältre Sohn, bei der SA, hat überlebt.
Der jüngere, brave Franzl ist gefallen.
Zehn jüdische Familien sind weg,
Und wenn man einmal mich begräbt,
Weiß niemand von uns allen.

Tegetthoff-Denkmal

Der Praterstern. Die Denkmal-Silhouette.
Der Admiral mit Fernrohr im Verkehr.
Nur Autos, nicht Fregatte und Korvette.
Nur Wolkenschaum und nirgendwo sein Meer!

Erstauntes Schauen. Plötzlich, selbstvergessen,
Erfüllt von dieser großen Szenerie,
Bin ich der Schauplatz und der Zeuge dessen,
Was übrigblieb von einer Monarchie.

Noch blühn die Hauptallee-Kastanien.
Die weißen Kerzen halten letzte Wacht.
O faules Gelb! Kadaver von Kakanien!
Darüber schwarze Pompes-funèbres-Nacht.

Hurentschoch

Das Jidl mit der Fiedel spielt zum Weinen
Den Wiener Schmäh und jidelt mit den Beinen.
Der Mizzi gibt ihr Strizzi eine Watschn
Und nachher Saffaladi und Kolatschn.
Ein bsoffner Athlet vom Nebentisch
Brüllt plötzlich holofernisch-wienerisch:
„Jo! I bin I! Und wos i sog, is gsogt!"
Hier bin ich Stammgast, der im Winkel hockt.

Praterstern mit Tegett-hoff-Denkmal. Das Automatenbuffet Ecke Praterstraße (links) war ein Arbeitslosentreff.

Erinnerungen

Franz Marek

Die Kindheit

Kindheitserinnerungen, Bewußtseinsfetzen. Meine ukrainische Amme Kascha – alles Böse hast Du von ihrer Milch, pflegte Mutter zu sagen –, die uns 1914 von Przemysl nach Wien gefolgt ist, hält mich auf den Armen, und freundliche bärtige Popen, wohl von der russischen Kirche in Kaisermühlen, tätscheln mir die Wangen. Meine Zwillingsschwester Lotti und ich liegen mit den Eltern im Ehebett, Onkel Nathan, Offizier mit Säbel, schnallt den Säbel ab und steigt zu uns ins Bett. Vor dem Bethaus in unserer Ennsgasse – eine zur „Schil" hergerichtete feuchte und muffige Waschküche – steht ein junger Mann und schüttelt den Kopf. „Ein Verschütteter", erklären die Leute. Die Mutter fährt mitten in der Nacht auf und zieht sich rasch an. Sie muß sich bei der Apotheke an der Ecke um Saccharin anstellen.

Deutlicher und zusammenhängender wird die Erinnerung an den Kindergarten. Die Lehrerin Donnerbauer hält uns streng, die Hände müssen immer auf den Bänken liegen. Aber der Weg zum Kindergarten ist lustig, er geht an den Marktbuden der Vorgartenstraße vorbei, deren Besitzer wir alle beim Namen kennen, dann die Albrechtskaserne. Vor der Kaserne stehen lachend italienische Kriegsgefangene und warten auf den Abtransport. Im Kindergarten gibt es Milchgrieß, den ich seit damals goutiere, manchmal Kakao. Geschenke vom Roten Kreuz werden ausgegeben, Kreisel mit englischer Aufschrift.

Das jüdisch-nationale Bekenntnis war in der Familie selbstverständlich. Man übertrieb nicht – aber über dem Ehebett sah man das Hochzeitsbild der Mutter, mit dem obligatorischen „Scheitel", der Perücke, die sie längst nicht mehr trug. Aber die Feiertage hielt man ordentlich ein, zu Pessach gab es Mazzes, Neujahr und Jom Kippur betete man in einem der Wirtshäuser im Prater – die Bethäuser reichten an diesen Tagen nicht aus. Wir waren ständige Kunden und Bewunderer eines alten Juden, Abraham Geiger, der – unterstützt von seinen Söhnen – an den Feiertagen vorbetete, auch am Fasttag mit ungeheuer mächtiger Stimme. Wir lasen die Reden des jüdisch-nationalen Abgeordneten Strikker und des jüdischen Gemeinderats Plaschke, mein Vater wurde von den Jüdisch-Nationalen als Wahlzeuge nominiert, und zu Hause gab es die jüdische Tageszeitung „Der Morgen". Mir blieben zwei Lektüren in Erinnerung: ein Fortsetzungsroman „Goal", die Karriere eines jüdischen Fußballstürmers, längere Zeit mein Idol – und der Nachruf auf einen Zionisten, den der Herzschlag getroffen hatte: „Er starb an der Krankheit unserer Großen, am gebrochenen Herzen". Ich war überzeugt, daß auch ich deshalb so enden würde. Jüdische Geschichte, jüdische Literatur, jüdische Kunst spielten in meiner Kindheit eine große Rolle, den jüdischen Illustrator Lilien hielt ich für ein Genie. Jüdische Schauspieler, jüdische Theatergruppen waren Familiengespräch, wie Habimah, die Wilnaer Truppe ... Solange es ging, hatten wir Hebräischlehrer: „Buber ist der Komparativ von Bub", erklärte mir einer dieser Lehrer immer wieder, obwohl ich keine Ahnung hatte, wer dieser Buber war.

Den leidenschaftlichsten Ausdruck dürfte jedoch unser Bekenntnis im Sport gefunden haben, in unserer Anhänglichkeit an den Sportklub Hakoah. Wir kannten jeden Star in allen Sparten, im Langlauf, im Hockey, im Schwimmen, im Wasserball – aber Enthusiasten waren wir vor allem im Fußball. Jahrelang habe ich Sonntag kein einziges Match versäumt, durch ganz Wien bin ich zu Fuß gelaufen, um dabei zu sein; bei jedem Platz gab es entweder

Franz Marek in der Volksschule (links neben dem Lehrer). Ca. 1920

eine Grube, durch die man hineinkriechen, ein Klo, einen zerbrochenen Zaun, durch den man sich hineinschmuggeln konnte. Manche Ordner ließen Kinder nach der Halbzeit hinein. Mein Vater ging zu jenen Plätzen, wo man durch ein Loch hineinschauen konnte oder von einem Hügel wenigstens ein Tor sah. Die Eigenheiten jedes Spielers kannte er genau so gut wie ich. Ihre Erfolge waren Labsal gegen den penetranten Antisemitismus, dem wir täglich begegneten.

Vom Elend im Österreich der Zwischenkriegszeit, von der strukturellen Arbeitslosigkeit ist viel geschrieben worden. Ganz erbärmlich war das Elend der armen Juden, in der Leopoldstadt, in der Brigittenau, bei uns im Prater. Die Familie Feuerlicht mit sieben Personen in Zimmer, Küche, Kabinett war nur ein Beispiel von vielen. Die ersten Nachkriegsjahre war es irgendwie gegangen. Vater, der Transportwesen gelernt hatte, schob zwischen Deutschland und Österreich hin und her. Seinem Inflationsabstauber dankten wir nicht nur die Klassiker und Meyers Lexikon, sondern auch einige Urlaube in Bad Hall, von dessen Jodwirken sich Mutter wie viele Juden Wunder erwartete. Noch später war sie überzeugt, daß sie uns so durchgebracht hatte. Ich sehe mich noch, als Absolvent der ersten Volksschulkasse, in ein Zimmer gepfercht, das Notgeld mit der Tassiloquelle bewundernd, Jod schlürfend, am Nachmittag im Kurpark den Primgeiger beim „Walzertraum" bewundernd. Das Jahr darauf wohnten wir schon 2 km vom Kurort entfernt, dann schließlich, das letzte Mal, schon 4 km, in einem winzigen Zimmer bei einem Bauern in Pfarrkirchen. Und dann begann auch schon das richtige Elend.

Vater fand nichts und nichts, bezog auch keine Arbeitslosenfürsorge; dann fuhr er nach New York und verkaufte Strümpfe in der Orchard-Street, ohne uns auch nur einen Groschen schicken zu können. Dann war es auch dort zu Ende, er kam zurück, gebrochen, zerbrochen, wurde fromm und saß den ganzen Tag in der Rabbinatsschule in der Tempelgasse. Wir waren wütend auf ihn, weil er keinen Finger für die Mutter rührte, nur meine Schwester Netti war klug genug, ihm gelegentlich einige Zigaretten zuzustecken. Er kam, saß schweigend beim Ofen, aß ein wenig und legte sich ins Bett. Nach Kriegsende schrieb er mir einen rührenden Brief aus Israel nach Paris, wir hatten wohl anderthalb Jahrzehnte kein Wort gewechselt.

Ich haßte ihn, weil er Mutter so schuften ließ. Sie war unglaublich. Sie versorgte uns, wusch die ganze Wäsche – sie hat es mir nie vergessen, daß ich ihr die Wäsche von der von Ratten wimmelnden Waschküche auf den Dachboden tragen half –, sie versuchte kleine Vertretungen, bald Drahtwaren, bald Seidenstrümpfe; sie nahm es auf sich, beim jüdischen Greißler – es gab deren drei in unserer Gasse – auf Pump zu kaufen. Einmal versuchte sie sich – das sollte ein großer Coup werden – als Heiratsvermittlerin (die Eltern, alle Onkel und Tanten hatten schließlich über einen Schadchen geheiratet), aber der Versuch scheiterte am Veto der Geschwister und der Cousine, um die es ging. Sie ist eine alte Jungfer geworden.

Bis in die dreißiger Jahre waren wir jämmerlich arm. Dann begann Lotte, meine Zwillingsschwester, die als einzige von uns vier nicht studiert hatte, als Absolventin der Handelsschule zu verdienen, Ignaz ging für ein paar Jahre als Austauschprofessor nach Frankreich, ich gab Stunden und verkrümelte mich nach der Matura. Aber wie beneidete ich meine Mitschüler, die, wohl ausnahmslos, auf Skikurse gingen – an die Anschaffung von Skiern war bei mir nicht im Traum zu denken. Ich erinnere mich nicht, vor meinem illegalen Beruf je einen neuen Anzug besessen zu haben. Ich trug, was mein älterer Bruder abgetragen hatte oder was Mutter bei irgendeinem Hilfskomitee erschnorrt hatte, oft gebrauchte modische Sachen aus Amerika, die komisch wirkten – grell karierte Strümpfe, auffallende Knickerbocker.

Kontakt mit der Sozialdemokratie

Das Elend hat dazu beigetragen, daß wir auf die Sozialdemokratie stießen. Die Kandidatur der Jüdisch-Nationalen wurde bald aussichtslos, erst für den Nationalrat, dann für den Gemeinderat; die meisten Juden, weil arm, stimmten für die Sozialdemokraten. Irgendwann trat auch meine Mutter dieser Partei bei, vor allem in der Hoffnung, eine Gemeindewohnung zu erlangen. Ihr half dabei der SP-Hausvertrauensmann, der Straßenbahner Konecny, an den ich oft zurückgedacht habe. Er war äußerst belesen, besuchte Freud-Vorlesungen an der Uni, brachte uns Karten zu SP-Wahlversammlungen und -filmen im Zirkus Busch und verstand es, überzeugend zu diskutieren. Wir waren alle erschüttert, als er plötzlich an Magenkrebs starb. Netti, damals schon Medizinstudentin, besuchte ihn im Spital, ich ging zur Kremation – das erste Begräbnis, dem ich beiwohnte. Straßenbahner mit roten Nelken hielten Ehrenwache, der Redner nannte ihn einen „sozialistischen Wüstenprediger", und als der Sarg sich senkte, warf ihm die Ehrenwache rote Nelken nach. Von hinten kam eine schwarzgekleidete junge Frau, die es mit einem Strauß roter Rosen ebenso machte. „Die Freundin", flüsterten die Hausbewohner – er war mit einer unförmigen Budenbesitzerin vom Markt verheiratet gewesen, aber mit einer jungen Berg- und Faltboot-Kameradin befreundet.

Die „Sozis" kannte ich auch von der Gasse. Durch die Gasse marschierte der Schutzbund, in der Gasse befand sich ein SP-Lokal – ich hörte interessiert zu, wie SAJler, meist arbeitslos, über Freud und Adler, über Psychoanalyse und Individualpsychologie, über Hodanns „Bub und Mädel", über Willi Reich und die neuesten Sowjetromane diskutierten. Manche bezeichneten sich als Arbeiterdichter und rezitierten Gedichte über Liebe, Arbeitslosigkeit und Sozialismus. Besonderer Treffpunkt war das Volksheim in der Zirkusgasse, besonders beliebt Vorträge und Kurse von Max Adler. Ich verfolgte alles mit Sympathie und Interesse, die Reden Breitners und Otto Bauers machten großen Eindruck auf mich – aber all das gehörte für mich und meine Familie doch zur Welt der „andern". Auch der 15. Juli 1927 änderte daran nichts. Es gab allgemein große Aufregung, ich las alle Extraausgaben, war wütend über Seipels „Keine Milde", versuchte vergeblich, die Losungen der Kommunisten zu verstehen – sie versammelten sich einmal vor dem Nebenhaus, in dem der Bezirksobmann und Gemeinderat Fischer wohnte,

Karmelitermarkt. 1915

Jüdischer Kindergarten im Augarten, Anfang der dreißiger Jahre

und riefen im Sprechchor: „Otto Bauers Theorie führt zum Sozialismus nie". Ein gewisser Trebitsch langweilte mich mit einem Referat, das zur Versöhnung aufrief. Knapp nach den Ereignissen kam ich nach Fohnsdorf, in die Stadt des Kohlenbergwerks, in ein Ferienheim der Gemeinde Wien, wo Bürgermeister Horvalek die machtvolle SP vertrat, die unter Führung Koloman Wallischs einige Tage die Obersteiermark kontrolliert hatte; ich stand auf ihrer Seite, haßte die Schwarzen, Grünen – aber auch die Sozis blieben für mich jungen Juden doch ein Teil der „anderen Welt". „Antisemiten sind sie schließlich alle", pflegte meine Mutter zu sagen, wenn mir ein Film, eine Wahlversammlung, ein Redner gut gefallen hatte. Dabei gab es unter den Referenten, unter den Wortführern der SAJ, den Volksheimdebattern, nicht wenig Juden, zum Teil aus unserem Häuserblock.

Hakoahanhänger

Die längste Zeit, vor allem während der Untermittelschule, waren freilich andere Begebenheiten der Straße für mich entscheidend. Sie hingen mit meiner größten Leidenschaft zusammen: dem Fußball. Viele Jahre war es mein großer Traum, ein Fußballstar zu werden, und noch heute träume ich gelegentlich, wie ich einen Flankenball volley ins Netz befördere. Anfangs spielte ich auf der linken Seite des Häuserblocks, wo es noch Gstetten gab, auf denen man spielen konnte – natürlich auch hier in ständigem Kampf mit der Polizei und Hausparteien im Parterre der Häuser, denen man gelegentlich die Fensterscheiben einschlug. Meine Mitspieler waren lauter Judenbuben, lauter Hakoahanhänger, gelegentlich spielten wir auf der Jesuitenwiese – auch hier war es verboten, berittene Polizei jagte die Sünder – gegen andere Gassenteams. Dann wechselte ich auf die andere Seite des Häuserblocks, wo die meisten Mitspieler Nichtjuden und ältere Jahrgänge waren. Juden gab es außer mir wenige, einen Sohn reicher Eltern, zwei halbjüdische Söhne eines Arztes und anfangs und gelegentlich die Glücks, fromme Söhne eines orthodoxen Juden, der mit einem Angestellten koschere Seife produzierte. Noch vor der Nazizeit sah ich einmal, wie er zum Gaudium der ganzen Gasse von einem Wolfshund gejagt wurde – er lief und lief und der Hund lief ihm nach und riß an seinem Kaftan. Eines der Vorspiele für diese Familie, die gleichfalls durch die Rauchfänge von Auschwitz ging. Aber die Stützen unserer Mannschaft waren Söhne von Marktbudenbesitzern, nazistischen Beamten, ein Bäckersohn, der bald ein bekannter Schwerverbrecher wurde, der schöne Ferry, der gute Beziehungen zu Zuhältern und Prostituierten hatte, einige Schlafwagenschaffner. Wir spielten am Kirchenplatz, von brutalen Parkwächtern und Wachleuten gejagt, die wir alle beim Namen kannten. Bald brachten wir es zu Dressen, spielten gegen andere Mannschaften in der Krieau, schließlich sogar gegen richtige Mannschaften auf richtigen Fußballplätzen. Ich war stolz als guter Kopfballer und Half gewertet zu werden. Die meisten von uns wuchsen dann in den Sportklub Donau hinein, der im Kaffehaus am Eck seinen Sitz hatte.

Von der Polizei wurde ich nie erwischt, nur einmal angegeben. Der Polizist kam zu meiner Mutter, die zu ihrem Entsetzen erfuhr, daß ich mit Verbrechern Umgang habe. In der Tat rühmten sich manche meiner Spielgefährten, daß sie nachts im Prater „stöbern" gingen, Liebespaare aufscheuchten und dann Geld erpreßten. Hie und da kamen zu uns, wenn wir auf der Gasse herumstanden oder spielten, auch Zuhälter mit ihren Damen. Einmal las ich in der Kronenzeitung unter der Überschrift „Es klopft in der Mauer" von einem mißglückten Einbruch – den Mann kannte ich, er hatte mich kurz zuvor wegen meiner dünnen Beine ausgelacht. Ein anderes Mal stieß ich auf eine Meldung, daß einer Prostituierten von ihrem Freund die Wange aufgeschlitzt worden war. Eine unserer Schönen. Aber diese Welt lockte mich nicht, beschäftigte mich nicht, interessierte mich nicht. Zwar war ich fast jeden Tag im Prater, hörte bei der Grottenbahn Musik, besuchte alle Komiker der „Weltschau", deren Programm ich auswendig kannte – arbeitslose Artisten von oft erstaunlichem Können –, aber das gehörte zu der Welt der „anderen". Überdies waren die meisten meiner Spielgefährten älter als ich – und in meinem Alter zählten die Jahre. Auch hätte ich manche „Partien" schon deshalb nicht mitmachen können, weil ich auch hier der Ärmste war, der einzige ohne Fahrrad. Michel, ein Jahr älter als ich, erlag der Faszination dieser Halbwelt, veranstaltete Partys in seiner Wohnung, in Anwesenheit von Ferrys Bekannten und seiner Mutter, die das war, was man eine Lebedame nannte. Er geriet dabei in gewisse Konflikte, aus denen er keinen Ausweg mehr wußte. Eines Tages erschoß er sich in der Hauptallee.

Zirkus Busch-Kino
Prater Ausstellungsstrasse.

Sonntag, den 18. September 1921
halb 11 Uhr vormittags
zugunsten der Opfer der Pogrome in der Ukraine

Monstre-Vorstellung
des durch Neuaufnahmen erweiterten historischen MONUMENTALFILMS

THEODOR HERZL,
der Bannerträger des jüdischen Volkes
von Heinrich Glücksmann

Regie: Direktor OTTO KREISLER (Helios - Film).
Hauptdarsteller: Rudolf Schildkraut, Josef Schildkraut, Mali Picon aus New-York u. A.

Karten im Vorverkauf erhältlich: An den Kassen der „Wiener Morgenzeitung", II. Taborstraße 1—3; im Bankhaus B. Mayer. II. Taborstr. 8b; in der Buchhandlung Löwit, I. Rotenturmstr. 22; Verband des Isr. Humanitätsverein Bnei-Brith, I. Universitätsstr. 4; Isr. Kultusgemeinde, I. Seitenstettengasse 2 (II. Stock, Stiftungsamt); bei Herrn Wilhelm Kreindler, II. Ob. Donaustr. 6, M. Singer, II. Kl. Sperlgasse 8; Jüd. Nationalrat, II. Taborstr. 20 a.

„Central"-Druck Hoyer, Wien IX.

Für mich war diese Episode zu Ende, als im ersten Jahr der Obermittelschule meine „politische" Laufbahn begann.

Zionistischer Mittelschüler

Meine Mittelschule war – ebenso wie für meinen um sechs Jahre älteren Bruder – das „Sperleum" in der Kleinen Sperlgasse. Als er die Volksschule hinter sich gebracht hatte, gab es das jüdische Realgymnasium noch nicht, in das später meine Schwester Netti eintrat. Meiner Einstellung hätte ein jüdisches Realgymnasium eher entsprochen, hatte ich doch bei unserer Naturalisierung darauf bestanden, nicht Franz, wie man mich rief, sondern Efraim als Vornamen zu haben – auch aus Bewunderung für Lessing. Aber schließlich war das Sperleum in seiner Zusammensetzung auch ein jüdisches Realgymnasium, mit einer Handvoll Paradegojim in jeder Klasse. Bei den Lehrern war das Verhältnis pari, wobei die Nichtjuden durch die Bank Nationalsozialisten waren – mit Ausnahme des Direktors, eines Historikers.

Die jüdischen Lehrer gingen zum Großteil durch den Rauchfang, der Französisch-Lehrer, der sich den Nazis in seiner Hauptmannsuniform mit Orden aus dem 1. Weltkrieg präsentierte, wie der Geograf „Kobi" Weiß, der den Gestapobeamten mit Vergeltungsmaßnahmen der USA drohte. Als zum 100. Jahrestag der Schule ein Jubiläumsheft erschien, erfuhr der wißbegierige Leser, daß 1938 die Zahl der Schüler plötzlich auf ein Häuflein gesunken war – warum wohl? –, und ein Gedächtniskreuz gedachte aller im Krieg gefallenen Schüler und Lehrer. Unter den Absolventen der Schule wurde der amtierende Polizeivizepräsident erwähnt, nicht aber Sigmund Freud.

Für mich wurden zwei Lehrer bedeutsam. Sedlmayer, der uns in Deutsch unterwies, Nationalsozialist, leidenschaftlicher Germanist, der die meisten Theaterstücke selbst rezitierte. Bei ihm habe ich gelernt, wie man vor einer Arbeit eine Disposition gliedert; stofflich reichte sein Unterricht, um auf der Hochschule die meisten Prüfungen zu bestehen, ohne die Vorlesungen zu besuchen oder ein Skriptum zu konsultieren. Er mochte mich auch, ließ meine Arbeiten vorlesen, nur einmal wurde er wild, als ich – aus einem ganz anderen Grund – lachte, während er Wagner vortrug. Nach dem Krieg, 1958, traf ich ihn einmal, etwas heruntergekommen und Pensionist. „Wir haben uns ja unter dem 3. Reich etwas ganz anderes vorgestellt", sagte er entschuldigend. Bei ihm hat es sogar gestimmt.

Der zweite Edelmann war Steinitz, ein kultivierter Marxist, der Geschichte unterrichtete, der Bruder eines bekannten SP-Rechtsanwalts. Außerordentlich belesen, vor allem auf die Geschichte der Revolutionen spezialisiert, erzählte er uns auch viel von der russischen Revolution, die er als österreichischer Gefangener mitgemacht hatte. Nur einmal geriet er, der mich recht gern hatte, in Saft, als ich in einer Versammlung der Schulgemeinde den Schulsprecher und die VSM-Leitung der Schule, die er patronierte, frozzelte. Ich war damals 15 Jahre alt und leidenschaftlicher Zionist. Dann spielte die Geschichte Drehbühne. Als ich Steinitz in der Schuschniggzeit einmal traf, ich war illegaler KP-Funktionär, sagte er mir, man müsse jetzt alles vom jüdischen Standpunkt sehen. Nach 1938 ging er in die Schweiz, wo er noch eine Geschichte des Roten Kreuzes geschrieben hat.

Diesen beiden Professoren ist es wohl zuzuschreiben, daß ich in Deutsch und Geschichte an der Uni inskribierte. Ihnen habe ich es auch zu danken, daß ich nie aus der Schule flog, obwohl die anderen Lehrer immer wieder diesen Antrag stellten.

Bei der Matura, die man mir noch im letzten Moment verbieten wollte – meine Mutter mußte wieder einmal betteln gehen –, rächte sich der Physikprofessor im Namen der Kollegen. Er gab mir, nachdem er mich Sachen geprüft hatte, die wir nie gelernt hatten, ein Genügend – so war der Vorzug verpatzt und das erste Semester an der Hochschule ohne Befreiung vom Kollegiengeld. Ich rächte mich auf meine Art, zur Matura trat ich ohne Krawatte an

– damals eine Frechheit – und verließ das Haus – in meiner Französisch-Arbeit hatte ich sie zum Ärger des Professors eine boîte genannt – nach der letzten Prüfungsfrage. Ich ging direkt auf die Walz nach Deutschland, das Zeugnis ließ ich mir von der Mutter holen.

Für meine Entwicklung wurde diese Walz freilich wichtiger als die Matura.

Meine „politische" Laufbahn begann in der 5. Klasse, als ich mit einigen Kollegen des Sperleums den „Verband zionistischer Mittelschüler" gründete. Es war eindeutig ein Anti-Verband gegen den VSM, der die Schulen des zweiten Bezirks beherrschte und in diesem Bezirk fast ausschließlich aus Juden bestand – wir nannten sie deshalb V-S-Miten. Sie stellten führende Kader im zentralen Maßstab. Die meisten unserer Veranstaltungen wurden in der Regel zu Diskussionsveranstaltungen mit dem VSM, dessen jüdische Mitglieder wir als Assimilanten kritisierten. Mein erster politischer Artikel erschien in der ersten Nummer des „Jüdischen Mittelschülers", in dem ich die lichtvolle These vertrat, daß das Wort Internationalismus ja das Bestehen von Nationen voraussetze.

Gleichzeitig mußten wir uns gegen die verschiedenen zionistischen Jugendorganisationen wehren, die sich auf den neugegründeten Verband stürzten, der rasch wuchs und deshalb zum Rekrutierungsfeld der verschiedenen Vereine wurde. Auf einer Konferenz hielt ich mein erstes Referat gegen diese „Fischteich"-Praxis. Ich sprach wahnsinnig rasch – eine Unart, die ich mir nie abgewöhnt habe.

Haschomer Hazair

Im folgenden Jahr praktizierte ich selbst die „Fischteich"-Praxis. Das Heimleben langweilte mich, auch die Hebräisch-Kurse, in denen ich meine Kenntnisse auffrischte, konnten mich nicht halten, zumal die sozialen Aspekte in der Diskussion mit den VSM-Leuten mich verunsicherten. Ich trat dem Haschomer Hazair bei, der am weitesten links stehenden Jugendorganisation in der zionistischen Bewegung, die sich in Wien später mit dem Blau-Weiß vereinigte.

Im Haschomer Hazair traf ich Menschen, mit denen ich bisher nichts zu tun gehabt hatte: Arbeiter, Angestellte, Arbeitslose, vor allem Jugendliche, die sich als Marxisten bezeichneten, in allen politischen und weltanschaulichen Fragen einen linken Standpunkt einnahmen, sich zu Max Adler bekannten, weniger im philosophischen Sinn als seiner Haltung in politischen Fragen wegen, in Fragen der österreichischen, noch mehr aber in Fragen der deutschen Politik. Man stand ganz auf Seiten der SAP, ihr Nein der Neun gegen die Panzerkreuzerpolitik fand allgemeine Zustimmung, manche verteidigten auch den KPD-Standpunkt – sie sind in der Regel später Kommunisten geworden. Es gab auch immer wieder Diskussionen mit den Kommunisten; der Besuch der russischen Filme, die nach der letzten Vorstellung im Helios-Kino um halb 11 Uhr abends gespielt wurden, war allgemein Usus. Ich begann marxistische Bücher zu lesen, mehr Engels als Marx, mehr Kautsky als Engels, gelegentlich besuchte ich auch die Nachmittagsvorlesung Max Adlers auf der Uni – wir bildeten ein kleines Grüppchen, die Vorlesungen waren ja keine Pflichtvorlesungen – und immer wieder die marxistische Studiengemeinschaft, an den Samstagnachmittagen im Alten Rathaus, bei denen sich die Adlergemeinde traf.

Die lebendige Atmosphäre im feuchten Keller der Berggasse kontrastierte mit dem kühlen Heimleben des VZM, in dem vor allem das Pingpongspiel dominiert hatte. Hauptproblem war die Hachscharah, d. h. die landwirtschaftliche Vorbereitung für die Alijah nach Israel. Es war ziemlich klar, daß die Matura den Abschluß des Studiums bilden sollte; dann galt es, als Chaluz irgendwo in Niederösterreich Landarbeit zu machen und auf eines der raren Einwanderungszertifikate nach

Wann immer ich den Donaukanal überquerte, sah ich diesen Musikanten auf der Brücke. Manchmal blieb ich stehen, um ihm die letzten Nachrichten aus der Zeitung mitzuteilen. Er erwartete, daß ich ihn danach fragte, wie das Geschäft an diesem Tag ginge, denn er hatte die Antwort stets bereit. Sie lautete entweder „Heute wird Rothschild mehr einnehmen als ich!" oder „Zum Sterben könnt's reichen, zum Leben nicht!" Es kam auch hie und da vor, daß er gar nicht oder mit einem Seufzer antwortete; manchmal schluchzte er laut auf. Noch bevor ich

Palästina zu warten. Aber je näher der Termin kam, desto mehr dachte ich: „Bin's nicht gewohnt und kann mich nicht bequemen, den Spaten in die Hand zu nehmen." Mich hatte die marxistische Literatur zu sehr gepackt, als daß ich mich für eine Perspektive begeistern hätte können, die mir das Lesen recht schwer machen würde. Ich begann auch Schulungskurse zu halten, gelegentlich im Mitteilungsblatt des Vereins zu schreiben, vor allem Polemiken gegen die rechtszionistischen Jugendorganisationen.

Entscheidend für meinen Entschluß war freilich die „Walz", die ich nach der Matura antrat. Einige Monate war ich einer der Millionen, die damals auf Deutschlands Landstraßen wanderten, freilich sauberer angezogen als die meisten, immer wieder auch in Jugendherbergen schlafend, in denen es Koch- und Waschgelegenheiten gab. Aber oft schlief ich in Scheunen, im Freien im Schlafsack, in Obdachlosenasylen. Ich erinnere mich noch an das „Pik As" in Hamburg, wo ich nach Läusen abgesucht wurde und dann in einen riesigen Schlafsaal kam, voll Betrunkener, und mit einem Bett, in dem es von Flöhen und Wanzen wimmelte. Oder an das Asyl in Dresden, wo jedem „Penner" ein Stück Schmierseife auf den Rücken geklatscht wurde, das er dann unter einer Dusche – unter Aufsicht – abzuwaschen hatte.

Vor dem Hintergrund einer riesigen Arbeitslosigkeit erlebte ich die gewaltige Zuspitzung des politischen Lebens. Ich sah, wie in Stuttgart ein SP-Polizeipräsident seine Polizisten – meistens aus der SAJ hervorgegangen – mit Ochsenziemern auf eine kommunistische Erwerbslosenversammlung losschlagen ließ. In Berlin, vor dem Karl-Liebknecht-Haus, prügelte die Schupo des SP-Polizeipräsidenten Kommunisten aus vollen Kräften. Im Lustgarten hörte ich Loebe verkünden: „Thälmann ist ein Zählmann". KP-Plakate zeigten den Zentrumskandidaten und Hitler: „Die Arbeiter entscheiden – keinen von beiden". Leidenschaftliche Diskussionen auf allen Plätzen, in allen Penner-„Herbergen zur Heimat". Mir schien jeweils richtig, was der Gesprächspartner sagte. Nur der Entschluß, was ich nach der Matura machen würde, war klar: Ich wollte nicht aus Europa davonlaufen, wo sich fühlbar große Entscheidungen ankündigten. Irgendwie kam mir angesichts der ganzen Dramatik der Situation die zionistische Fragestellung ganz klein vor.

Nach der Rückkehr schrieb ich einige Reportagen für den „Abend" – wesentlich war: Irgendwie war der Zionismus für mich passé. Ich behielt Kontakt zu Freunden, leitete marxistische Kurse in der Organisation, der ich nicht mehr angehörte – aber von der Chaluzperspektive war keine Rede mehr. Nicht in einer grundsätzlichen kritischen Auseinandersetzung hatte ich mich vom Zionismus gelöst – das kam erst später –, irgendwie interessierte er mich nicht mehr. Freilich, Probleme der Juden und die Problematik der Juden blieben mir nah, auch später konnte ich mich nie dazu aufschwingen, die Sehnsucht armer Juden, endlich in einem Staat zu leben, in dem sie nicht diskriminiert wurden, als „reaktionäre Utopie" abzutun. Und als damals das Buch Otto Hellers, den ich erst in Paris kennenlernen sollte – „Untergang des Judentums" –, sehr en vogue war, wußte ich nur zu gut aus eigenen Erlebnissen, daß der Untergang der Juden auf die Tagesordnung gesetzt war.

die Brücke hinter mir hatte, hörte ich schon wieder die sentimentale Melodie, die auch den eiligsten jüdischen Passanten daran erinnerte, daß er „das Brievele an seine Mame" nicht versäumen dürfe.

Manès Sperber

Auf der Marienbrücke. 1925

Rošinkes und Mandlen

Jimmy Berg

In Sadagora, Berditschew und Kolomea,
Da stand die Wiege von so manchen uns'rer
Leut.
Der Vater, der hieß Mendl, und die Mutter Lea,
Die Synagoge, die hieß „Schul" in jener Zeit.
Die kleinen Buben hatten alle Schläfenlocken,
Und in der Früh sah man sie in den Cheder
gehn.
Wer elegant war, trug zum Kaftan weiße Socken,
Und in dem Schtetl war kein Rothschild je zu
sehn.
Der Vater ging fort um zu handlen,
Man nannte ihn „Pinchale Jid".
Und von „Rošinkes und Mandlen"
Sang die Mutter den Kindern ein Lied.

Der erstgeborne Sohn, der träumte von
Millionen,
Drum zog er nach dem Westen in die große
Stadt.
Und als verdient er hatte 150 Kronen,
Er die Familie auch zu sich genommen hat.
So wurden junge Bukowiner alte Wiener,
Bald sprach man hochdeutsch und auch
manchmal Dialekt.
Die meisten blieben arm, doch gab's auch
Großverdiener,
Man ging zur Oper nun, war von Kultur beleckt.
Drum wollte man nicht mehr verschandeln
Die Sprache, die einst Goethe hat geziert:
Man sagte jetzt „Rosinen und Mandeln"
Und fühlte sich assimiliert.

Doch wieder warf das Leben uns aus dem
Geleise,
Und eine neue Wanderschaft begann sodann.
Es weiß ein jeder: Das war kein Luxusreise,
Die Fahrt im „Luxusdampfer" über'n Ozean.
Und dieser Klimawechsel, der uns erst verwirrte,
Hat eine neue Sprache auch mit sich gebracht:
Was man aus Bildungsdrang bei „Berlitz"
einstudierte,
Kam uns zustatten früher als wir es gedacht.

Und neuerlich hörte man die Worte sich wandeln –
Auch hochdeutsch ist nicht mehr am Platz:
Vorbei die Rede nun von „Rosinen und
Mandeln",
Heut' heißt es nur mehr – „raisins and nuts"!

Taborstraße, von der Schwedenbrücke aus gesehen

Im 1. Stock über dem Café Post

Josef Toch

Ich bin im 5. Bezirk, in Margareten, geboren und aufgewachsen, doch war ich stets engstens mit der Leopoldstadt verbunden. Schon als Kind verbrachte ich die meisten Sonntage dort: bei der großen Familie, den Onkeln, Tanten und bei den Großeltern Am Tabor. Vor allem aber spielte sich in der Leopoldstadt der Großteil meiner politischen Tätigkeit ab – erst als Zionist und dann als Kommunist. Und das kam so:

1928 wurde ich arbeitslos. Das war damals schon sehr bitter, denn kaum ein Arbeitsloser konnte wieder mit einem neuen Job rechnen – und ein Jud' schon gar nicht! Ich ging also von der Firma direkt zur nächsten Telefonzelle und rief das Palästina-Amt in der Kärntner Straße an: „Wie kommt man nach Palästina?", fragte ich.

„Ja, mein lieber Herr, das ist nicht ganz so einfach!", sagte man mir. Ich war ja kein Kapitalist, hätte also kein Geld vorzeigen können, um ein Visum zu bekommen. Also riet man mir, zum Hechaluz-, dem Pionier-Verband, in der Czerningasse (in der Leopoldstadt) zu gehen. Dort wurden die Reisewilligen umgeschult – auf Landwirtschaft.

Ich ging also in die Czerningasse. Dort erwartete mich ein recht komisches Bild: Es saßen einige junge Leute herum, einer war ein Albino, ein zweiter ein Schielender, und alle miteinander konnten kein richtiges Deutsch sprechen, denn sie waren Ostjuden. Auf Anhieb wurde ich dort sowas wie ein „Ehrenpiefke" – ich konnte ja deutsch.

Ich wollte so schnell wie möglich mit der Umschulung anfangen, um endlich nach Palästina ausreisen zu können. Aber da hieß es: „Laß dir Zeit!"

„Kannst du maschinschreiben?", fragte man mich.

Und da ich konnte, wurde ich gleich Verbandssekretär sowie Redakteur und Autor der kleinen Zeitschrift, die man dort verteilte, um auf die Arbeit des „Hechaluz" hinzuweisen.

Ich war mehrere Monate lang dort unbezahlter Sekretär und ich ging in dieser Eigenschaft auch von Haus zu Haus – zu vielen jüdischen Familien im 2. und im 9. Bezirk, um Geld für den Verband aufzutreiben. Einer meiner „Kunden" war der Sigmund Freud in der Berggasse, der gar nicht wenig spendete und sich von mir ausführlich über unsere Tätigkeit informieren ließ.

Aber dann hatte ich genug! Ich wollte doch nach Palästina gehen und nicht Sekretär sein! Endlich kam ich bei einem jüdischen Grundbesitzer außerhalb Wiens unter, übte dort ein wenig Landwirtschaft und erlernte auch etwas Tischlerei, sodaß ich dann endlich 1929 auswandern konnte.

1932 hatte Hitler seinen großen Wahlerfolg in Deutschland. Man wußte, was das zu bedeuten hatte! Ich entschloß mich also, nach Europa zurückzugehen, um bei den großen Entscheidungen, die dort zu erwarten waren, dabei zu sein. Und zwar kam ich als aktiver Kommunist zurück nach Wien.

In Palästina hatte ich mir eine besonders starke Affinität zum Judentum angeeignet; und da man ja der Kommunistischen Partei nicht einfach nur als zahlendes Mitglied beitritt, sondern den Kommunismus praktisch durchlebt und dazu natürlich ganz besonders den persönlichen Anschluß braucht, kam für mich überhaupt nichts anderes in Frage, als in die Leopoldstadt zu gehen. Denn in meinem Heimatbezirk, in Margareten, gab's kaum Juden in der Partei – die waren also nicht „meine Leut'"! Meine Leut' waren die jüdischen Kommunisten im 2. Bezirk und ihnen schloß ich mich an.

Meine „Zelle", heute heißt's „Sektion", war die „Blumauerzelle", die ich selbst dann leitete. Sie hieß so, weil sie in der Blumauergasse war – in einem aufgelassenen Postamt in einem schrecklich verwahrlosten Haus. Wir waren im 1. Stock rechts; links aber lag das Lokal der „Poale Zion", der linken Zionisten, mit denen wir über alle Grenzen hinweg ein gemeinsames Anliegen hatten: die Einheitsfront bei den Straßenkämpfen mit den Nazis!

Unten war das Café Post – eine ganz eigene Welt, wo wir uns oft und gerne trafen. Es lag ja nicht weit vom Nordwestbahnhof und damit von der Zahlstelle für die Arbeitslosen. In der guten Jahreszeit lief man von dort in die Lobau, wo man dann von Schmalzbroten und Tee lebte; in der schlechten Jahreszeit aber gingen wir in das erwähnte Café und konsumierten dort nur einen Mohnstrudel. Der Besitzer, ein Herr Kastner – ein echter Wiener Bürger –, ließ es dabei bewenden, und wir mußten keinen Kaffee bestellen, den wir uns ja nicht hätten leisten können. Wir waren ja alle arbeitslos!

Im Café Post verkehrten viele interessante Leute.

Im Café Rotunde. Zeichnung von Laszlo Matulay

So zum Beispiel der Hugo Rosenberg, ein richtiger Bohemien, Satiriker und Gründer des ersten linken Wiener Kabaretts. Der hatte immer recht abstruse Ideen: So wollte er einmal die nicht wenigen Leopoldstädter Prostituierten gewerkschaftlich organisieren …

Zu meinen Aufgaben als kommunistischer Funktionär gehörte auch das Kolportieren des Parteiorgans. Unsere Abnehmer waren die braven jüdischen Handwerker in unserer Gegend. So erinnere ich mich an den kleinen Herrn Wischniak, einen Schneider in der Novaragasse. Oder wir gingen zu den Gemeindebauten in der Freudenau, um dort bei den Bewohnern zu werben – ich habe so manchem jüdischen Proletarier den Kommunismus nahegebracht.

Die meisten jüdischen Proletarier lebten im 20. Bezirk, in der Brigittenau, die ja im Westen direkt an die Leopoldstadt anschließt. Dort kamen die besten jüdischen Sportler her, zum Beispiel die Fußballspieler, und so mancher brachte es bei der Hakoah oder bei einem anderen Verein zum Internationalen.

Daneben gab es auch ein jüdisches Lumpenproletariat – Diebe, Zuhälter, Spieler, Hochstapler, aber keine Gewaltverbrecher! Sie haben die kleinen „Tschecherln" in der Praterstraße und ihren Seitengassen bevölkert. Wir Kommunisten hatten zu ihnen ein recht gutes Verhältnis; so hat mir etwa einmal ein jüdischer Zuhälter vor den Wahlen Geld für die Partei angeboten: „Braucht's a Geld? Laß i halt noch a paar rennen!"

Ich mußte in der Zeit, als ich von Palästina zurückgekehrt war, natürlich auch von etwas leben und die Arbeitslosenunterstützung hatte ja nur eine begrenzte Dauer. Ich traf glücklicherweise einen Juden namens Gorowitz, der im Prater einen Stand für Burenwurst, Schokolade und Eiscreme hatte und der mich an Wochenenden aushelfen ließ. Heimlich hab' ich dann meine Freunde mit Eis versorgt …

Im Sommer gab's für uns noch eine andere Einnahmequelle: die Motorfähre von der Freudenau hinüber in die Lobau. Die Passagiere kauften die Fahrkarten an einer Kassa, gaben sie beim Betreten des Bootes dem Fährmann, und der schmiß die Karten ins Wasser. Wir aber schwammen in der Donau, fischten die Zettel wieder 'raus und ließen sie an der Sonne trocknen. Bei der Endstation der Straßenbahn haben wir dann auf die Leute geachtet, die ganz offensichtlich unterwegs zum Baden waren. Ihnen haben wir die Überfuhrkarten verkauft – bei uns waren sie um die Hälfte billiger …

Sonntag, den 15. Jänner 1933
halb 11 Uhr vormittags

Veranstaltung der Geserd

Jüdische Künstlerspiele
Wien, II., Praterstraße 34, Telephon R 40-9-94

Matinee

Neue jüdische Dichtung aus Sowjetrussland

Die Schauspieler der Wilnaer Truppe

Jakob Weislitz und Josef Kamen

lesen aus den Werken von Bergelson, Charik, Fefer, Hofstein, Lurie, Markisch, Nadir u. a.

Einleitende Worte spricht Schriftsteller M. Gross

Mitwirkend:

Lotte Serkin, Moskau
in ihren neuen russischen Tänzen

…en zum Preise von S 1.— bis S 2.— sind erhältlich: An der Tageskassa der „Jüdischen Künstlerspiele", II., Praterstr. 34, …40-9-94; im Sekretariat der „Geserd", XX., Taborstraße 93, Tel. A 42-1-65; bei Radoschitzky, II., Blumauergasse 1, in der …rquelle", III. Radetzkystraße 13, Tel. U 15-9-57, in der „Arbeiter-Buchhandlung, VIII. Alserstraße 69, Tel. A 20-7-01, in der „Goethe-…uchhandlung", IX. Liechtensteinstraße 16, Tel. A 16-4-89 und Bücherstube, M. Rath, II. Taborstraße 20 a, Tel. R 43-1-58

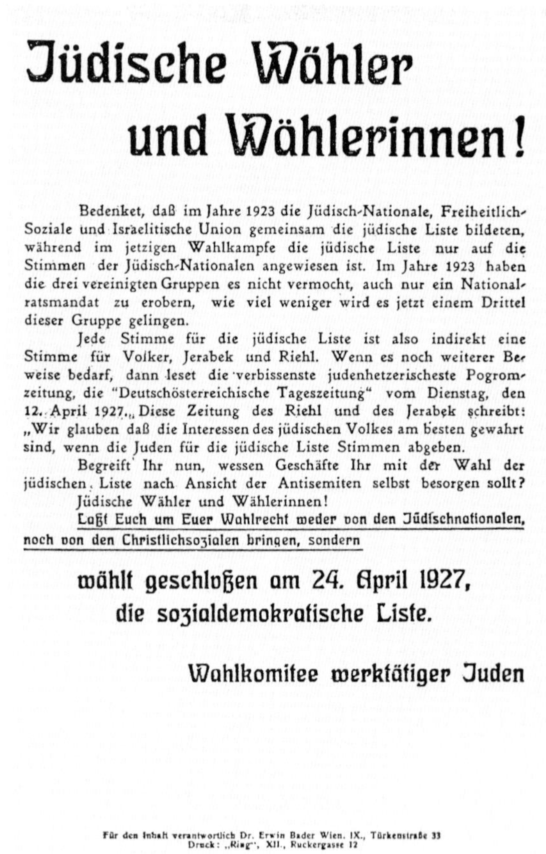
Jüdische Wähler und Wählerinnen!

Bedenket, daß im Jahre 1923 die Jüdisch-Nationale, Freiheitlich-Soziale und Israelitische Union gemeinsam die jüdische Liste bildeten, während im jetzigen Wahlkampfe die jüdische Liste nur auf die Stimmen der Jüdisch-Nationalen angewiesen ist. Im Jahre 1923 haben die drei vereinigten Gruppen es nicht vermocht, auch nur ein Nationalratsmandat zu erobern, wie viel weniger wird es jetzt einem Drittel dieser Gruppe gelingen.

Jede Stimme für die jüdische Liste ist also indirekt eine Stimme für Volker, Jerabek und Riehl. Wenn es noch weiterer Beweise bedarf, dann leset die verbissenste judenhetzerischeste Pogromzeitung, die "Deutschösterreichische Tageszeitung" vom Dienstag, den 12. April 1927., Diese Zeitung des Riehl und des Jerabek schreibt: „Wir glauben daß die Interessen des jüdischen Volkes am besten gewahrt sind, wenn die Juden für die jüdische Liste Stimmen abgeben.

Begreift Ihr nun, wessen Geschäfte Ihr mit der Wahl der jüdischen Liste nach Ansicht der Antisemiten selbst besorgen sollt?

Jüdische Wähler und Wählerinnen!

Laßt Euch um Euer Wahlrecht weder von den Jüdischnationalen, noch von den Christlichsozialen bringen, sondern

wählt geschloßen am 24. April 1927, die sozialdemokratische Liste.

Wahlkomitee werktätiger Juden

Für den Inhalt verantwortlich Dr. Erwin Bader Wien. IX., Türkenstraße 33
Druck: „Ring", XII., Ruckergasse 12

Café Lido, Dampfschiffgasse 20. Die Kaffeehäuser fungierten an Feiertagen als Aushilfsbethäuser und vor Wahlen als Versammlungslokale.

Das Chajes-Gymnasium

Stella Klein-Löw

Meine Lehr- und Lernjahre verbrachte ich in einer einmaligen Schule. Sie nannte sich Chajes-Realgymnasium und war ein jüdisches Privatgymnasium mit Öffentlichkeitsrecht. Sie war zuerst in der Castellezgasse untergebracht und übersiedelte später in die Staudingergasse.

Ihre Lehrerschaft bestand aus drei politischen Gruppen: den Zionisten, den Orthodoxen und den Sozialisten als schwächster Gruppe, einschließlich der Poale-Zionisten (der sozialistisch-zionistischen Untergruppe).

Aus einer anderen Sicht könnte man ebenfalls drei Gruppen unterscheiden: die in einem Getto lebenden Kollegen, die in Österreich bleiben wollten; die bewußten, auf ihren Glauben und ihr Nationalgefühl stolzen Juden, deren Sehnsucht lang vor Hitler Palästina war; die assimilierten Juden und die wenigen Nichtjuden, die sich als Österreicher fühlten.

Bis Juni 1938 waren die Schüler und Schülerinnen der Anstalt ausnahmslos jüdische Kinder, deren Eltern entweder Zionisten oder fromme Juden waren – wir hatten am Samstag keinen Unterricht, wohl aber am Sonntag – oder den Antisemitismus anderer Schulen fürchteten.

Ihre Kinder standen anders zum Lernen als die Schüler der anderen Mittelschulen. Ihnen wurde zu Hause eingeprägt, daß sie es im Leben schwerer haben würden als ihre andersgläubigen Altersgenossen. Sie hörten immer wieder von ihren Eltern, daß kein Opfer zu groß sei, wenn man es für die Zukunft der Kinder bringt. Sie wußten von ihren Großeltern, daß ihnen im Leben nichts geschenkt werden würde, daß sie mehr wissen, mehr lernen, mehr können mußten, wenn sie mit anderen Schritt halten wollten. Das motivierte sie. Es gab im Chajes-Realgymnasium auch nicht mehr außergewöhnlich begabte Kinder als in anderen Schulen. In den Klassen saßen dumme, sehr dumme und gescheite, sehr gescheite Kinder. Die dummen Schüler hatten gewöhnlich wohlhabende Eltern, die ihnen Nachhilfeunterricht erteilen ließen. Arme jüdische Kinder ohne Lernwillen wurden gar nicht erst in dieses Gymnasium geschickt, da es als streng und anspruchsvoll galt. Aber jene Kinder minderbemittelter, ja ganz armer Eltern, die in den häßlichen Klassenzimmern auf wackeligen Stühlen saßen, w o l l t e n lernen. Sie waren nicht brav, sie waren keine Stucker – sie wußten einfach, worum es ging. Unsere Schüler mußten lernen wollen, so kraß das klingt. Schulversagen galt als Familienschmach; der Antisemitismus und die Reaktion darauf bewirkten ständige Motivation. So gab es eine richtige Zusammenarbeit, wobei man nur aufpassen mußte, sich nicht durch Höchstleistungen einzelner in Tempo, Auswahl und Ausdruck zu einem Niveau hinreißen zu lassen, das den Durchschnitt gefährdete.

Einzige jüdische Mittelschule Wiens!

Jüdisches Realgymnasium

mit Öffentlichkeitsrecht

II., Castellezgasse 35

Gegr. 1919 Direktion: Dr. Viktor Kellner 1. 7. Klasse

Vorzügliche Mittelschulbildung u. Vorbereitung für das Hochschulstudium in Verbindung mit jüdischem Wissen und jüdischer Erziehung

Deutsche Unterrichtssprache — Religions-, Sprach- und (jüdischer) Literaturunterricht in hebräischer Sprache

H e l l e R ä u m e

Die siebente Klasse des Chajes-Gymnasiums in der Castellezgasse mit Professor Kestenbaum, dem Hebräischlehrer; hinten in der Mitte Leo Glückselig. 1931

Eine palästinensische Insel in Wien

Martha Hofmann

Freitagabend – Stille in den trüben Gassen des Wiener Ghettos. Stille – was man so in Wien unter Sabbathstille versteht. Die Läden geschlossen, nur wenig Wagenverkehr, fernes Klingeln der Elektrischen von der Hauptstraße, ein paar alte Juden in Pelzmützen und Kaftan, von der Schul' heimkehrend, ein paar dunkellockige Liebespaare Arm in Arm. Und dann dringen aus dem ersten Stockwerk eines unscheinbaren Hauses, das aussieht wie alle andern Häuser dieser Gasse, einige starke, helle, mitreißende Takte zu dir, ein paar Fetzen hebräischer Laute, ein paar Klänge von Galiläa, vom See Kinereth, von Jerusalem, von Tel-Awiw. Rhythmisches Stampfen der Füße im Takt, hell, wild, am Ende wie atemlos: eine Hora …

Du trittst in das unscheinbare Haus ein und nach ein paar Stufen durch eine noch unscheinbarere, dunkle Tür. Und da bist du mitten drin, inmitten des Singens und Tanzens einer palästinensisch anmutenden, zukunftsstarken jüdischen Jugend, die das, worin sie lebt und schafft, aus eigener Kraft aufgebaut hat, wie es die Jugend Palästinas tut – du bist im Wiener Stadtkibbuz des Hechaluz.

Chaluzische Kibbuzim – das sind sich selbst erhaltende Wohngemeinschaften auf kooperativer Grundlage – gibt es in letzter Zeit in Polen und der Tschechoslowakei schon mehrere. In Wien ist dieser der erste und bisher einzige. Eine Gruppe tatkräftiger Chaluzim hat ihn mit selbsterworbenen Mitteln begründet und eingerichtet, worin sie von der Kultusgemeinde unterstützt wurde.

Wir blicken uns um und bemerken bald einige neue, gut gezimmerte Holzwände, die das große Lokal sinnvoll in mehrere Räume teilen. Jetzt, am Freitagabend, sind diese Räume voll von jungen Menschen, die sich hier allwöchentlich zum „Oneg Schabbath" zusammenfinden, wobei nach belehrendem Vortrag seitens eines Bewohners oder Gastes eine endlose Reihe lebendiger Palästina-Lieder steigt, von dem einen intoniert, von den andern aufgegriffen und begeistert gesungen. Man ist müde vom Tanz, man sitzt nun dichtgedrängt in enger Gemeinschaft auf den rohgezimmerten Bänken und den Stühlen des Tag- und Speiseraumes, der durch eine sinnvoll gebaute Anrichte mit der Küche verbunden ist. Alles eigener Hände Werk. Auch die Bücherstellagen, gefällig und modern lakkiert, die Tische und die wenigen anderen Einrichtungsgegenstände des Speiseraums sind von den werkfreudigen Einwohnern geschaffen.

Wir lassen uns durch die anderen Räume führen: da ist der Schlafsaal der Burschen mit 16 Bettgestellen – aber leider nicht genug Matratzen und Bettzeug, daher ein wenig kümmerlich ausgestattet. So etwas läßt sich eben doch nicht so leicht selbst herstellen … da wären ein paar mütterlich helfende Hände nicht fehl am Ort. Von musterhafter Nettigkeit ist der Schrank, den uns die freundliche Wirtschafterin des Kibbuz öffnet und mit mütterlichem Stolz zeigt. Kleiner und noch bescheidener ausgestattet ist der Schlafraum der Mädchen (wovon zwei der Wiener „Mirjam" angehören), und auch die an sich große und saubere Küche entbehrt noch vieler nötiger Details. Doch merkt man die sorgfältige und fleißige Hand – nicht nur der Wirtschaftsleiterin, sondern auch die der sie unterstützenden Mädchen auf Schritt und Tritt. Ziemlichen Eindruck macht der Waschraum auf uns Gäste, denn auch dieser wurde eigenhändig von hiefür ausgebildeten Mitgliedern des Kibbuz eingerichtet: 3 Waschbecken mit fließendem Wasser, ein Abflußrohr, ein vielfach und sauber geteiltes Gestell, welches die Waschgeräte und Handtücher jedes einzelnen Hausbewohners enthält, ferner ein gleichfalls vielfach geteilter, hoher Schuhschrank, der noch leicht ergänzt werden kann. Auch eine Werkstatt mit Hobel- und Drehbänken befindet sich hier.

Hier wohnen derzeit etwa 25 junge Menschen auf der Basis der Gemeinwirtschaft und zum Zwecke der Hachscharah. Es gibt darunter Vertreter fast jeden Handwerks, also Tischler, Schlosser, Installateure, Schuster usw. Die Mädchen bilden sich in der Hauswirtschaft, im Kochen und Nähen aus, zwei von ihnen sind Gärtnerinnen. Die meisten der jungen Leute sind arbeitslos, doch finden sie ab und zu Gelegenheitsarbeit in ihrem Fach. Leider sind sie noch viel zu wenig bekannt, sonst wäre ihr Brot nicht so schmal. Einige arbeiten als Gräber und Gärtner auf dem jüdischen Friedhof, bisweilen läßt der Himmel einige als Schneeschaufler verdienen, einige beziehen die Arbeitslosenunterstützung. Auch gibt es im Heim selbst, in der Ausgestaltung und in der Wirtschaft genug zu tun.

Es ist selbstverständlich, daß alles, was einer verdient, und ebenso etwaige Spenden in die Gemeinschaftskasse fließen. Dennoch ist das Budget sehr knapp: die Miete muß bezahlt werden, Gas und Licht – und so bleibt für die Verköstigung nur rund S 5,– pro Kopf und Woche. Trotz aller Künste der Küchenchefin kann hiemit nicht wunder

Zur Vorbereitung auf die Auswanderung nach Palästina schien den linken Zionisten die Erlernung eines manuellen oder landwirtschaftlichen Berufs unerläßlich. Die beiden sitzenden jungen Männer mit den Schirmkappen gehören der religiös-zionistischen Vereinigung Poel Misrachi an und üben sich auf dem jüdischen Friedhof in Gartenarbeit. Ca. 1931

was geleistet werden. Damit die schwer Arbeitenden sich sättigen können, müssen die andern manches – vieles – entbehren. Fleisch gibt es nur einmal wöchentlich, sonst nährt man sich außer vom Kakao und Brot des Morgens (und vormittags) von Gemüse, wie Kraut, Hülsenfrüchten, von Nockerln und Nudeln mit Mohn oder Nuß, von Erdäpfelgulasch u. dgl. Die Ansprüche sind gering, man bescheidet sich und sieht dabei – wenngleich gewiß nicht allzu reichlich gefüttert – so doch nicht gerade unterernährt aus.

Dreimal abends finden Hebräisch-Kurse statt, die von allen Hausbewohnern besucht werden müssen. Auch an den übrigen Abenden gibt es Kurse kulturellen Inhalts oder Sichoth der internen Mitglieder. Nur Freitag abends ist das Haus voll von Gästen, die nach dem Abendessen erscheinen. Das sind die Burschen und Mädchen des Hechaluz, der Jugendbünde, der Mirjam, das sind Besucher aus Palästina, Gesinnungsgenossen, Frauen der Wizo, Freunde. Man lauscht den Worten des Vortragenden beim „Oneg Schabbath“, man lauscht den hingejubelten Gesängen aus Palästina, man fühlt lebendige Verbundenheit, Hingezogenheit dieser Jugend zu dem Lande Ihrer Zukunft – man blickt um sich und vermeint, schon dort zu sein, in einer Siedlung des Emek – in Judäa – im Galil ...

„Am Jisrael chaj ...“, singt und tanzt es im Kreise. Sie haben die Woche durch viel gearbeitet – auch in den eigenen Werkstätten – haben Schnee geschaufelt – Erde gegraben – Hebräisch und jüdische Geschichte gelernt – nicht allzuviel gegessen – nicht allzu gut geschlafen. Aber sie jubeln und tanzen, ihr Geist trägt sie in den Galil, sie sind schon dort, sind Siedler des Emek, von Judäa, von Wadi Chawarith. Am Jisrael chaj!

Aus der Kindheit eines Chassiden

Joshua Blumenfeld

Ich kam mit meinen Eltern 1914 nach Wien, als ich erst zwei Jahre alt war. Der Großvater – ein frommer und gelehrter Mann – hatte damals schon vier Jahre lang in Wien gelebt: Er war Chassid, Anhänger des Rabbis von Brody, und er legte größten Wert darauf, mich, seinen ältesten Enkel, fromm und in der Schrift bewandert zu erziehen.

Wir wohnten in der Rembrandtstraße, und meine Volksschule war die Talmud-Thora-Schule in der Malzgasse. Als ich dann ins Gymnasium eingeschrieben werden sollte, da geschah etwas, das so recht das Milieu beleuchtet, in dem wir damals lebten. Nicht weit von uns gab es das Jüdische Gymnasium, später Chajes-Gymnasium genannt, und mein Vater zögerte anfangs kaum, mich dort anzumelden. Aber dann machte ein Freund meinen Vater darauf aufmerksam, daß ich – doch ein frommes Kind – dort „abtrünnig" werden könnte. Ich könnte mir doch an den zwar jüdischen, aber unfrommen Klassenkameraden ein schlechtes Beispiel nehmen! Im nicht-jüdischen Gymnasium wüßte ich aber von Anfang an, daß es dort nichts nachzuahmen gab. Und so geschah's dann auch: Ich kam in ein ganz gewöhnliches staatliches Gymnasium in der Kleinen Sperlgasse.

Als ich dort zum ersten Mal einen nicht-jüdischen Lehrer sah, da hat mich das sehr, sehr gewundert. Ich wußte ja nicht, daß ein Nichtjude auch Lehrer sein konnte! Nichtjuden, das waren für mich damals Hausbesorger, Wachmänner, Straßen- oder Rauchfangkehrer, Dienstmänner und dergleichen mehr – aber Lehrer?

Die Leopoldstadt war ja ein durch und durch jüdischer Bezirk: Die Elektrische fuhr zwar auch an den hohen Feiertagen durch die Untere Augartenstraße – am Rosch Haschanah oder am Jom Kippur –, aber sie war an solchen Tagen immer leer. Und auch in meiner Klasse im staatlichen Gymnasium waren von 28 Mitschülern 26 Juden.

An Samstagen ging ich wohl, wie andere fromme Kinder auch, in die Schule, schrieb aber nicht mit. Das Chajes-Gymnasium hatte am Schabbat natürlich schulfrei, aber auch meine Schule kam uns frommen Kindern da entgegen: Man legte alle „Nichtschreiber" einer Schulstufe in eine Klasse zusammen und gab dann am Samstag hier keine Mathematik. Nur an den Feiertagen blieb ich natürlich zu Hause. Das verlief alles ganz glatt und selbstverständlich, so wie auch in den Pausen, wenn ich mir einfach den Hut aufsetzte und den Segensspruch sprach, ehe ich mein Jausenbrot aß.

Später, als ich schon etwas älter war, machte ich es mir zum Hobby, die verschiedenen chassidischen „Rebbes" aufzusuchen, um ihre unterschiedlichen „Spezialitäten" aufzuspüren. Von ihnen sind mir vor allem zwei – ein alter und ein junger – in bleibender Erinnerung.

Einmal nahm ich an der „Begleitung der Königin Schabbat" in der Wohnung des alten Rabbis teil. Das ist ein großes Festmahl am Samstagabend, bei dem Schabbat würdig und feierlich verabschiedet wird (dieser Tag gilt als weiblich, als heilige Königin). Auch ist es ein alter Glaube, daß jeder Jude für den Schabbat eine Zusatzseele erhält, die ihn freilich am Abend wieder verläßt. – Ich saß also mit den Chassidim an einer langen Tafel und langte beim Essen fleißig zu. An der Schmalseite saß alt und würdig der Rebbe, der durch seine Berührung die Speisen heiligte: Wann immer eine neue Schüssel mit Knödeln aus der Küche hereingebracht wurde, stellte man sie vor ihm auf den Tisch; er aber nahm nur ein einziges Stück – und schon waren alle Knödel geheiligt, sodaß die Chassiden sie mit Freude und Wonne verschlangen. Dann wurde gesungen, und dann machte der Rebbe nur eine kleine Handbewegung, worauf alle ganz, ganz still wurden, schwiegen und gebannt auf ihn blickten. Er aber begann zu erzählen – natürlich auf jiddisch – und setzte uns die Bedeutung desjenigen Bibelspruches auseinander, der für dieses Wochenende wichtig war. Dann wurde wieder gegessen, wieder gesungen und abermals geschwiegen, um erneut dem Rebbe zuzuhören. Und dann geschah's. Im Reden hielt der Rebbe plötzlich inne, er tat einen tiefen Seufzer – und ich sah seine Zusatzseele entweichen und zurück zum Himmel aufsteigen ... – Auf ein Zeichen von ihm verschwanden dann alle Tische und Sessel, das Zimmer war nun ganz leer, und die Chassiden begannen zu tanzen. Sie tanzten in einem Kreis – und ich mit ihnen – durchs ganze Zimmer, und in der Mitte tanzte der Rebbe: Er tanzte wild und fröhlich und brachte sich dabei in Ekstase, sodaß er trotz seines hohen Alters viele hohe Sprünge tat.

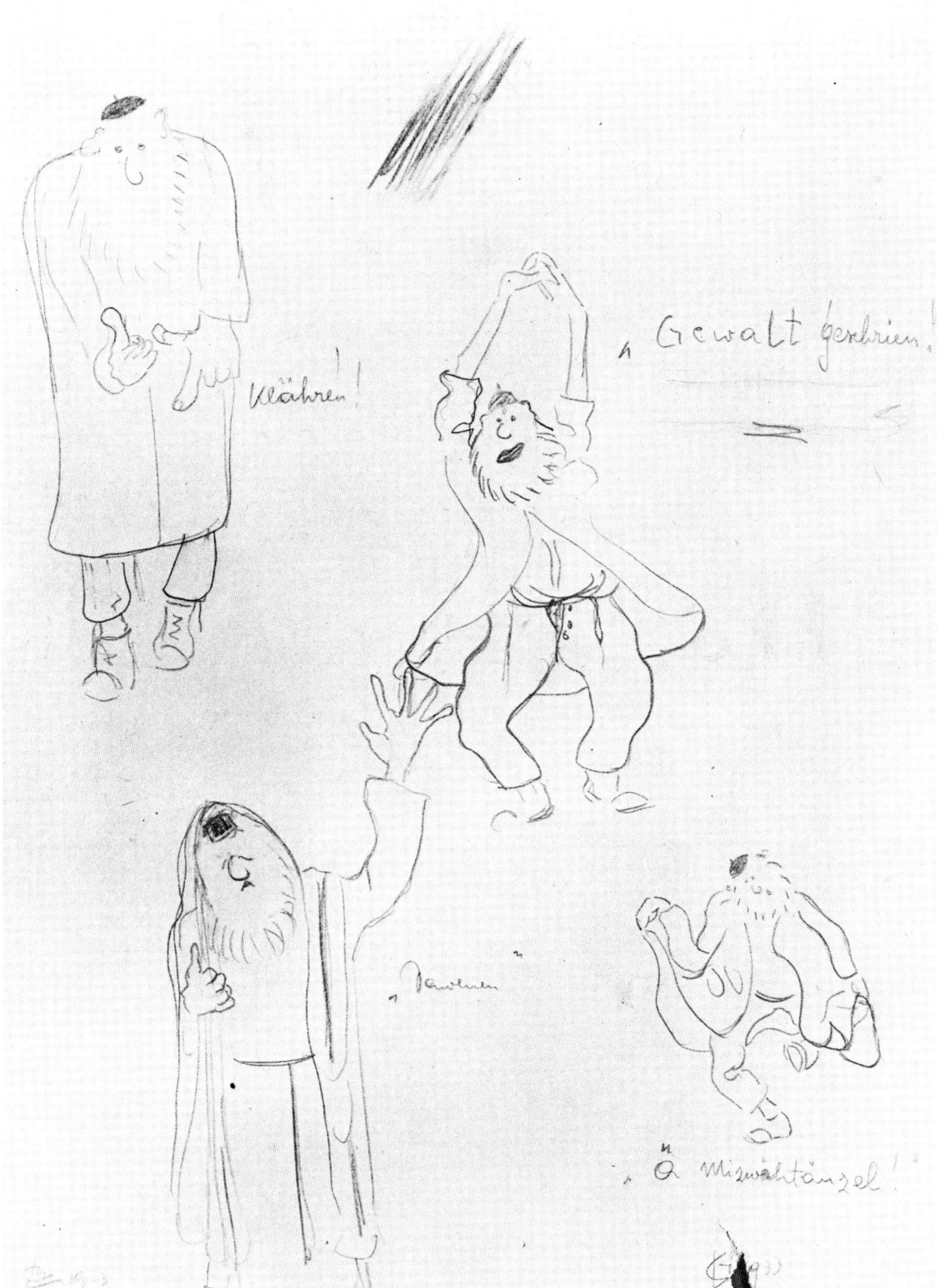

Zeichnungen Leo Glückseligs, den damals der Chassidismus faszinierte. 1933

Begräbnis des berühmten Rabbiners Israel Friedmann aus Czortkow

Den anderen, den noch sehr jungen Rebbe besuchte ich einmal zum Fest der Gesetzesfreude – Simchat Thora –, das am Ende des Laubhüttenfestes gefeiert wird. Nach uraltem Brauch werden dabei der „Etrog“ – eine eigens gezüchtete Zitrusfrucht – und der „Lulav“ – ein Palmzweig – geschüttelt, und zwar in einem feststehenden, gleichbleibenden Rhythmus: hinauf und hinunter, nach links und nach rechts, nach vor und zurück ... Dieser junge Rebbe hatte sich nun einen eigenen, wunderschönen Tanz ausgedacht: Inmitten seiner Chassiden, die alle die Palmzweige hielten, tanzte auch er und hielt dabei die schwere Thorarolle in seinen Händen. Er tanzte aber im gleichen Takt wie die Palmzweige seiner Chassiden: hinauf und hinunter, nach links und nach rechts, nach vor und zurück ...

Ich bin, trotz der Bemühungen meines Vaters, trotz der intensiven Beschäftigung mit der Thora und dem Talmud, ein „Abtrünniger“ geworden: ein Zionist. Mein Hauslehrer, mit dem ich Hebräisch

Purimfeier der Misrachi-Vereinigung

lernte, seit mein Großvater gestorben war (ich war damals erst zehn), hat mich dazu gemacht. Oft gingen wir sonntags in den Augarten oder in den Prater, saßen auf einer Bank und lernten. Und da sprachen wir auch über den Zionismus. So wurde ich Zionist, und als ich 1936 das Studium der Pharmazie abgeschlossen hatte, wanderte ich mit meiner Frau nach Palästina ein – ins Land Israel. Und ich bin immer noch ein großer Zionist, aber gefühlsmäßig bin ich ein Chassid geblieben …

Seitwärts von der Taborstraße

Rosel Bardin

Es kennt wohl ein jeder von der Wienerstadt
Den Steffl, den Ring und das Riesenrad,
Die Oper, die Hofburg und das Parlament –
Doch mein ist ein Gäßchen, das nicht jeder
kennt.
Auch ich bin ein Wiener, so wie ihr mich seht,
Ein Wiener, der nicht im Baedeker steht.
Ich spreche zwar hochdeutsch, doch nicht
Dialekt,
I bin kein Mensch, der sein' Ursprung versteckt.

Seitwärts von der Taborstraße
Gibt es noch Vergangenheit,
Seitwärts von der Taborstraße
Zählt noch eine and're Zeit.
Weil man noch im Schtetl lebt,
Weil man noch am Alten klebt.
Man lebt enger, warm und enger...
Doch die Schatten werden länger,
Die die Neuzeit in die alten Gassen wirft.
Väter, die noch psalmodieren ...
Doch die Söhne, die trainieren,
Und die Tochter singt im Cabaret.

Denn Wien ist der Treffpunkt von Ost und West,
Die Wiener Melange resultiert manchmal best,
Die Väter von Böhmen und Mähren, und heut –
Wo gibt's noch zwei Wiener wie Zweig und wie
Freud?
Und dann kam der Weltkrieg und der machte
wandern
Galizianer, Bukowiner neben viel andern;
Die Alten, die sprachen ihr Yiddisch oft nur,
Die Jungen doch schufen schon – Wiener Kultur.

Seitwärts von der Taborstraße ...

Erfolg ist 'ne Wohnung in der Inneren Stadt,
Auch Döbling und Hietzing für sich manches hat.
Doch der Pulsschlag, welcher das alles erwirkt,
Der schlägt nach wie vor im zweiten Bezirk.
Der Kaftan, der Schtreimel, der Scheitel, die
Schul
sind westlich vom Donaukanal praktisch null;
Wie unheimlich heimlich und heimisch doch sind
Aromas von Speisen, die ich aß als Kind ...

Seitwärts von der Taborstraße ...

Ich kehrte nach Jahren nach Wien mal zurück
Und fand auch das Gäßchen, doch ich hatte
kein Glück:
Im Hause, da wohnte kein einziger Kohn,
Kein Rapaport, Ginsberg, kein Abrahamson.
Die Schilder der Läden, die waren mir fremd ...
Ich hatt' so viel Fragen, doch war ich –
gehemmt.
Und komisch, grad jetzt, wo die Juden heraus,
Sah das Viertel so wie ein Ghetto erst aus,
Wo man noch am Alten klebte.
Man lebt ferner – so-fern man lebt! – ferner,
ferner:
Man ist in Tel Aviv ein alter Weaner,
In Buenos Aires, in Australien und New York.
Wo wir alte Träume kosen,
Sieht man heut bloß – Lederhosen;
Doch die Leute sagen: Wien bleibt Wien.

Tandelmarktgasse 13, 15 und 17 – zwischen Rotenkreuzgasse und Taborstraße. 1912

Der Terror bricht los

G. E. R. Gedye

Ein paar Tage nach dem Triumph der Nazi ging ich durch die Taborstraße ins Judenviertel von Wien. Vor einem großen jüdischen Geschäft stand eine lange Reihe von Lastautos, auf die SA-Leute alle Arten von Konfektionswaren verluden, die sie stoßweise aus dem Geschäft holten. Polizisten waren zugegen und sorgten dafür, daß sie bei ihrem Raubzug nicht gestört würden, und verscheuchten neugierige Straßenpassanten. Das alles war durchaus nichts Bemerkenswertes, nur ein Ereignis, wie es täglich zu Tausenden vorkam und das ich hier zufällig mit eigenen Augen beobachtete. Dies war Raub auf Privatrechnung, der aus irgendeinem Grunde für abstoßender gehalten wird als jene systematische Plünderei, die die Naziorganisation als solche beging, indem sie jüdische Geschäfte, von denen manche in generationenlanger Arbeit langsam aufgebaut worden waren, ihren Besitzern entwendete und in ein paar Monaten zugrunde richtete. Unter all den Schrekken, denen österreichische Juden, österreichische Patrioten und österreichische Demokraten – kurz, alle Nicht-Nazi – nach dem 11. März 1938 ausgesetzt waren, waren diese Diebstähle und Plünderungen noch die geringfügigsten. Schon nach wenigen Tagen hörte ich kaum mehr einen einzigen Juden darüber Klage führen; man nahm sie als unvermeidlich hin.

Viel entsetzlicher jedoch war die Selbstverständlichkeit, mit der jede jüdische Familie nunmehr den Selbstmord von Familienmitgliedern als ein normales und natürliches Ereignis hinnahm. Es war einfach unmöglich, irgend jemandem außerhalb Österreichs verständlich zu machen, mit welcher resignierten Sachlichkeit die österreichischen Juden damals von Selbstmord als einem alltäglichen Ausweg aus ihrer entsetzlichen Lage sprachen. Jüdische Freunde teilten einem den Entschluß, Selbstmord zu verüben, in dem gleichen Ton mit, in dem sie einem früher erzählt hatten, daß sie eine kurze Eisenbahnreise unternehmen würden. In jenen ersten Tagen konnte man sich unmöglich die krankhafte und entartete Geisteshaltung vorstellen, die die Grundlage des pathologischen Antisemitismus der Nazi bildete. Daher war es uns unmöglich zu begreifen, was es bedeutete, wenn plötzlich ein Sechstel der Wiener Bevölkerung zu Ausgestoßenen wurde, die man aller Rechte beraubte. So nahm man ihnen das Recht auf jedweden Besitz, klein oder groß, das Recht, einer Beschäftigung nachzugehen oder anderen eine Beschäftigung zu geben, das Recht auf Ausübung eines Berufes und das Recht, Restaurants, Cafés, Bäder oder öffentliche Parkanlagen zu betreten. Täglich und stündlich sahen sie sich ohne Hoffnung auf eine Besserung ihrer Lage den gemeinsten Beleidigungen und Erniedrigungen ausgesetzt, die sich perverse Gehirne ausdenken konnten. Ständig befanden sie sich in der Gefahr, zu jeder beliebigen Tag- und Nachtstunde ohne stichhaltigen Grund ins Gefängnis geworfen zu werden, wo sie ohne Urteil verbleiben würden. Und gleichzeitig mit alldem mußten sie noch sehen, wie jedes Land der Welt selbstsüchtig vor ihnen seine Grenzen schloß, wenn sie sich in Sicherheit zu bringen suchten, nachdem man ihnen den letzten Groschen abgenommen hatte. Für die nichtjüdischen Opfer der Nazityrannei bestand doch in vielen Fällen die Hoffnung, daß eines Tages der Alpdruck vorübergehen würde. Für die Juden aber gab es überhapt keine Hoffnung mehr.

Eine Familie nach der anderen wurde aus ihrem Heim getrieben und in ein Getto gepfercht, nur weil ihr Blut nicht rein teutonisch war. Männer und Frauen wurden zu Tausenden verhaftet, monatelang ohne Erhebung einer Anklage in überfüllten Zellen gehalten und schließlich gezwungen, ein Dokument zu unterschreiben, das sie vor die Wahl stellte, ins Ausland oder nach Dachau zu gehen, wobei sie genau wußten, daß kein Land verfolgte Juden aufnehmen würde. Jüdische Familien, die Generationen hindurch in einem burgenländischen Dorf gelebt hatten, wurden – Kinder, alte Männer und Frauen, achtzigjährige Invalide und Schwerkranke – während eines wütenden Sturmes auf einer Insel in der Donau ausgesetzt, deren schmutzigbraune Wellen ihnen bis über die Füße schlugen.

Heinestraße. März 1938

Heinestraße. März 1938

Heinestraße. März 1938

März 1938

Es mußte in England ganz unglaublich klingen, wenn ich weiter berichtete, daß es gelungen war, diese Gruppe von jüdischen Bauern und kleinen Geschäftsleuten zu retten, daß man ihnen aber dann überall das Asylrecht verweigerte und sie wie Vieh zusammengepfercht auf einem alten Donauschiff verblieben, ohne jede Hoffnung, jemals wieder ins Leben zurückkehren zu können. Frauen, deren Männer eine Woche vorher verhaftet worden waren und gegen die man niemals eine Anklage erhoben hatte, erhielten plötzlich vom Briefträger ein kleines Paket mit der knappen Bemerkung „150 Mark zu bezahlen für die Einäscherung Ihres Mannes. Das Paket enthält die Asche aus Dachau". Die übliche Mitteilung bestand in einem vorgedruckten Zettel – ich habe einen solchen vor mir liegen –, auf dem es hieß: „Die Angehörigen ... werden hiemit verständigt, daß dieser heute im Konzentrationslager Dachau gestorben ist. (Unterschrift) Hauptquartier der STAPO." Mit aschgrauem Gesicht und zitternden Lippen kam ein Geschäftsmann zu mir, dem englischen Journalisten, mit dem er oft zu tun gehabt hatte, und stammelte voll Angst: „Verbergen Sie meinen Sohn, bitte, verbergen Sie ihn! Vorige Woche haben sie den Buben meines Cousins nach Dachau geschickt und vier Tage später kam seine Asche." Der Engländer zu Hause hat nie so wie ich Nazi gesehen, wie sie sich an der Liste von Juden, die Selbstmord begangen hatten, weideten, oder die unbeschreiblich bestialischen Artikel in Streichers antisemitischem Hetzblatt „Der Stürmer" gelesen, noch den speicheltriefenden Mund des glatzköpfigen Aasgeiers mit seinem rotgedunsenen Gesicht gesehen, neben dem ich mehr als einmal in München Bier getrunken hatte und der die Selbstmordberichte aus Wien mit den Schlagzeilen versah: „Anderen zur Nachahmung empfohlen" ... In diesen Tagen wurde ich einmal von einem

März 1938

Engländer um die Adresse eines billigen Hotels in Wien gebeten; er wollte dorthin auf Ferien gehen. Ferien in Österreich, in diesem Österreich! Ich beneidete ihn nicht.

Einige der Schreckensszenen sah ich aus nächster Nähe. Als ich einmal die Stiegen meines Wohnhauses hinuntereilte, um Hitlers erste Rede bei seiner Ankunft in Wien zu hören, wurde ich durch Männer aufgehalten, die eben die Leichen eines jungen jüdischen Doktors und seiner Mutter fortschafften. Ich kannte sie als ruhige, anständige und fleißige Hausgenossen, die seit Jahren zwei Stockwerke tiefer gewohnt hatten. Der Mann war über Nacht aus seinem Spital entlassen worden, ohne jede Hoffnung, je wieder einen Verdienst zu finden. Nazi waren in seine Wohnung eingebrochen und hatten eine riesige Hakenkreuzfahne aus dem Fenster gehängt. Da er ein Arzt war, war es für ihn und seine Mutter leichter gewesen, zu entkommen, als für andere. Eine Injektion hatte beiden die Erlösung gebracht. Die SS-Truppen, die das Lokal des Sturmkorps im Erdgeschoß übernommen hatten, grinsten voll Genugtuung, als die Leichen vorübergetragen wurden. Von meinem Fenster aus konnte ich beobachten, wie sie jüdische Passanten, meistens Ärzte, Rechtsanwälte oder Kaufleute – sie bevorzugten Angehörige der gebildeten Schichten – anhielten und zwangen, in der Wohnung, in der sich die Tragödie abgespielt hatte, den Boden zu bürsten, das Parkett zu wachsen und die Teppiche zu klopfen, während sie die nichtjüdische Hausgehilfin auf einem Sessel sitzend untätig zuschauen ließen. Die Habsburgergasse, in der ich wohnte, wurde von der SS zum Parken der gestohlenen jüdischen Autos benützt. Auf jeden Wagen war das gefürchtete SS-Zeichen gemalt worden. Jeden Tag, den ich noch in Wien verbrachte, war ich nun gezwungen, beim Betreten oder Verlassen meines Hauses mitanzusehen, wie der Nazipöbel jüdische Männer, Frauen und Mädchen jeglichen Standes und Alters zwang, die Autos zu waschen, die die Nazibanditen ihren Rassegenossen gestohlen hatten. Diese Juden waren wahllos auf der Straße zusammengefangen worden. Da sehr viele Nichtjuden und Antinazi in den ersten Schreckenstagen, um Verfolgungen zu entgehen, eiligst irgendein Hakenkreuzabzeichen angesteckt hatten (was später von den Nazi verboten wurde), waren die Juden leicht zu erkennen. Ausländer schützten sich, indem sie ihre Nationalfarben im Knopfloch trugen.

Von meinem Büro am Petersplatz konnte ich auch Wochen hindurch den Lieblingssport des Nazimobs beobachten: jüdische Männer und Frauen wurden gezwungen, auf allen vieren kriechend, den Gehsteig mit einer scharfen Lauge zu reiben, die ihnen die Haut verbrannte, sodaß sie sich sofort in Spitalsbehandlung begeben mußten. Unter Dollfuß und Schuschnigg war es einige Male vorgekommen, daß Nazi, die man beim Schmieren von Hakenkreuzen erwischt hatte, von der Polizei gezwungen worden waren, diese wieder mit schwarzer Farbe zu übermalen oder die Zettel zusammenzukehren, die sie in den Straßen gestreut hatten – eine milde und angemessene Maßnahme, die man kaum eine Strafe nennen konnte. Die Fürsprecher der Nazi im Ausland versuchten zwischen dieser Maßnahme und den Reibpartien der Juden eine Parallele zu ziehen. Aber zwischen ihnen bestand keine Parallele. Während die Nazi am frühen Morgen, ehe es noch viel Leute auf den Straßen gab, herausgeholt wurden, um die Spuren ihrer eigenen illegalen Propaganda zu beseitigen, wurden die Juden gezwungen, in den belebtesten Straßen und zu einer Zeit, da der Verkehr am größten und die Arbeit für sie daher am peinlichsten war, die Überreste der völlig legalen Wahlpropaganda der letzten Regierung, mit der sie selbst nichts zu tun gehabt hatten, zu beseitigen. Ich hatte selbst gesehen, wie unmittelbar nach der Ankündigung der Volksabstimmung Mitglieder der Vaterländischen Jugendorganisation über Weisung Schuschniggs auf Gehsteigen das Krückenkreuz schmierten und mit Schablonen das Porträt Schuschniggs auf Häusermauern malten. Jetzt aber wurden tagtäglich Juden, Frauen und Männer, von der SA aus Geschäften, Büros und Wohnungen geholt und gezwungen, inmitten einer sich drängenden, stichelnden und lachenden Menge von „goldenen Wiener Herzen" mit Ausreibbürsten, auf allen vieren kriechend, stundenlang die Gehsteige zu reiben, in dem hoffnungslosen Versuch, die Spuren der Schuschnigg-Propaganda zu beseitigen. (Wo es keine Krückenkreuze wegzuwaschen gab, malten sie die Nazi selbst auf den Gehsteig, um den Juden so eine Arbeit zu schaffen.) Von Zeit zu Zeit johlte die Menge vor Vergnügen auf. Dies bedeutete dann, daß einer der SA-Männer höhnisch „Sie brauchen frisches Wasser" gesagt und dabei einen Kübel voll Schmutzwasser über sein Opfer gegossen hatte.

Die erste Reibpartie sah ich auf dem Praterstern. Sie mußte das Bild Schuschniggs entfernen, das mit einer Schablone auf den Sockel eines Monuments gemalt worden war. SA-Leute schleppten einen bejahrten jüdischen Arbeiter und seine Frau durch die beifallklatschende Menge. Tränen rollten der alten Frau über die Wangen, und während sie starr vor sich hinsah und förmlich durch ihre Peiniger hindurchblickte, konnte ich sehen, wie der alte Mann, dessen Arm sie hielt, versuchte, ihre Hand zu streicheln.

„Arbeit für die Juden, endlich Arbeit für die Juden!", heulte die Menge. „Wir danken unserem Führer, er hat Arbeit für die Juden geschafft!"

Ich fing Fragmente eines Gespräches auf, das ein untersetzter Nazi mit einer Gruppe von Praterprostituierten führte, die ihn bewundernd umstanden ... „Eine hat einen Pelzmantel umgehabt, wie wir sie aus dem Kaffeehaus holten, und natürlich hat sie auch lackierte Fingernägel gehabt. Nachdem sie eine Runde gerieben hatte, nahm ich sie mir hoch und ließ sie den Leuten ihre manikürten Hände zeigen. Also ich kann euch sagen, die haben gut ausgesehen! Es werden hübsch ein paar Monate vergehen, bevor sie ihre Hände wieder beim Bridge zeigen wird." Die Prostituierten brüllten vor Lachen. „Und was ist mit dem Pelzmantel geschehen?", fragte jemand. „Oh, wir haben ihr erlaubt, ihn anzulassen. Ich sagte ihr, ich wäre besorgt um ihre Gesundheit, und sie könnte sich ohne ihn leicht verkühlen. Aber nachdem der letzte Kübel mit Laugenwasser darübergeflossen war, hätte kein Jud' in der Judengasse auch nur zehn Schilling mehr für ihn gegeben. Einer anderen Dame sagten wir, sie muß den Pelzmantel an einem Gitter aufhängen, und was glauben S', ist passiert? Als wir sie wieder heimschickten, war der Pelzmantel weg!" Wieder wieherten seine Zuhörerinnen vor Lachen.

Eines Tages – das war noch mehrere Wochen vor der Kristallnacht – läutete es an der Tür. Draußen standen zwei Männer: ein Zivilist und einer in der braunen SA-Uniform. „Wir holen Frau Glücksmann", sagte der eine. Ich war erschreckt und verwirrt: „Wieso, warum?" fragte ich. „Ja, es sind nämlich die Straßen mit aufgeschmierten Parolen beschmutzt worden! Das muß weggewaschen werden!"

Er hatte eine Liste, und auf ihr stand der Name meiner Mutter.

Ich flehte ihn an, doch statt ihr mich zu holen: „Es ist doch ganz gleichgültig, wer das macht." Nach längerer Verhandlung willigte er endlich ein: „Gut. Nehmen Sie einen Besen, einen Kübel und einen Lappen, und kommen Sie mit!"

Also schulterte ich meinen Besen und folgte den beiden. Und wie ich so durch die Straßen

ging, da riefen mir die Leute zu: „Hörst! Du bist auch a Jüdin? Das sieht man dir gar nicht an!" Stundenlang mußte ich mit den anderen den Boden reiben. Wir reinigten die ganze Straße, bis sie am Ende nicht mehr wußten, was sie nun mit uns anfangen sollten. In der Nähe war ein altes Kaffeehaus; dort mußten wir die Sessel heraustragen und wieder hineintragen, heraustragen und wieder hineintragen ... solange, bis sie selber müde waren und nicht mehr konnten.

Das war eines der Erlebnisse ...

Hilde West

Überreste der Synagoge in der Zirkusgasse 5 nach der Kristallnacht am 9. November 1938

Überreste der Schiffschul, Große Schiffgasse 8

CAF

Café Rembrandt, Untere Augartenstraße. März 1938

Textnachweise

Otto Abeles (geb. 1879 Ruhatetz; Todesdatum und -ort konnten nicht eruiert werden): Die Insel; Fest in der Fremde; Ausgleich; Der Bettler. Aus: Jüdische Flüchtlinge. Szenen und Gestalten. R. Löwit Verlag, Wien u. Berlin 1918.

Rosel Bardin (lebt in Frankfurt am Main): Seitwärts von der Taborstraße. Original-Liedtext.

Ruth Beckermann (geb. 1952 Wien; lebt in Wien): Die Mazzesinsel. Originalbeitrag.

Jimmy Berg (geb. 1909 Kolomea; lebt in New York): Rošinkes und Mandlen. Original-Liedtext.

Klara Blum (Lebensdaten konnten nicht eruiert werden): Chanukkahlichter und Klassenbewußtsein (in der Leopoldstadt). Aus: Der jüdische Arbeiter, Jg. 7, Nr. 1; Wien, 3. Jänner 1930.

Joshua Blumenfeld (geb. 1912 Auschwitz; lebt in Tel Aviv): Aus der Kindheit eines Chassiden (Titel von der Herausgeberin). Text nach Tonband-Interview im April 1984.

Elias Canetti (geb. 1905 Rustschuk; lebt in Zürich und London): Großvater (Titel von der Herausgeberin). Aus: Die gerettete Zunge. Geschichte einer Jugend. © 1977 by Carl Hanser Verlag, München – Wien.

Ernst Epler (geb. 1912 Wien; lebt in Wien): Du bist ein Jud ... Originalbeitrag.

Bruno Frei (geb. 1897 Preßburg; lebt in Wien): Der blinde Bettler von der Produktenbörse; Geistige Arbeitslosigkeit. Aus: Jüdisches Elend in Wien. R. Löwit Verlag, Wien u. Berlin 1920.

G. E. R. Gedye (1890 Clevedon – 1970 Crownhill/Bath): Der Terror bricht los. Aus: Als die Bastionen fielen. Die Errichtung der Dollfuß-Diktatur und Hitlers Einmarsch in Österreich und den Sudeten. Eine Reportage über die Jahre 1927–1938. (Englische Originalausgabe: Fallen Bastions. The Central European Tragedy. Victor Gollancz Ltd., London 1939. / Deutsche Erstausgabe: Die Bastionen fielen. Wie der Faschismus Wien und Prag überrannte. Übs. von Henriette Werner u. Walter Hacker. Danubia-Verlag, Wien o. J. – ca. 1947.) © 1981 by Junius Verlags- und Vertriebsges. m.b.H., Wien.

Hermann Hakel (geb. 1911 Wien; lebt in Wien): Novaragasse 44 (Hofsänger; Hausbesorger; Die Matscheks gegenüber; Hausparteien; Tegetthoff-Denkmal; Hurentschoch.) Originalbeitrag.

Peter Herz (geb. 1895 Wien; lebt in Wien): Entzauberte Praterstraße. Aus: Illustrierte Neue Welt, (83.) 33. Jg., Nr. 1; Wien, Jänner 1979.

Martha Hofmann (1895 Wien – 1975 Wien): Eine palästinensische Insel in Wien. Aus: Die Stimme, 2. Jg., Nr. 5; Wien, 2. Februar 1934 (17. Schwath) – Frauenbeilage: Blätter der jüdischen Frau.

Egon Erwin Kisch (1895 Prag – 1948 Prag): „Handeln mit alte Kleider ...". Aus: Hetzjagd durch die Zeit. In: Gesammelte Werke in Einzelausgaben, Bd. V. © 1974 by Aufbau-Verlag, Berlin (DDR) u. Weimar.

Stella Klein-Löw (geb. 1904 Przemysl; lebt in Wien): Das Chajes-Gymnasium (Titel von der Herausgeberin). Aus: Erinnerungen. Erlebtes und Gedachtes. © 1980 by Jugend und Volk Verlagsgesellschaft m.b.H., Wien – München.

Franz Marek (1913 Przemysl – 1979 Wien): Erinnerungen (Titel und Zwischentitel von der Herausgeberin). Aus: Wiener Tagebuch, o. Jg., Nr. 9; Wien, September 1979.

Joseph Roth (1894 Brody – 1939 Paris): Juden auf Wanderschaft – Wien. Aus: Juden auf Wanderschaft. Die westlichen Gettos. In: Werke, Bd. 3. © 1976 by Verlag Allert de Lange, Amsterdam, und Verlag Kiepenheuer & Witsch, Köln.

Felix Salten (1869 Budapest – 1947 Zürich): Eisenbach. Aus: Geister der Zeit. Erlebnisse. Paul Zsolnay Verlag, Berlin – Wien – Leipzig 1924.

Manès Sperber (1905 Zablotow – 1984 Paris): Demütigung; Teestube; Dichterlesung (Titel von der Herausgeberin); ohne Titel („Wann immer ich ..."). Aus: Die Wasserträger Gottes. All das Vergangene ... © 1974 by Europa Verlag, Wien.

Josef Toch (1908 Wien – 1984 Wien): Im 1. Stock über dem Café Post (Titel von der Herausgeberin). Text nach einer Tonbandaufzeichnung im November 1983.

Josef Toch ging 1934 nach Frankreich, kämpfte dann im Spanischen Bürgerkrieg und floh schließlich nach England. Er kehrte nach 1945 wieder nach Wien zurück, wo er sich allmählich vom Kommunismus ab- und wieder dem Zionismus seiner Jugend zuwandte. Er starb 1984 im Altersheim der Wiener Israelitischen Kultusgemeinde.

Friedrich Torberg (1908 Wien – 1979 Wien): Hakoah (Titel von der Herausgeberin). Aus: 50 Jahre Hakoah 1909–1959. Festschrift, hrsg. von Arthur Baar, Tel Aviv 1959. / Die Budapester (Titel von der Herausgeberin). Aus: Hans Moser. In: Die Erben der Tante Jolesch. © 1978 by Albert Langen Georg Müller Verlag GmbH, München.

Hilde West (geb. 1914 Przemysl; lebt in Wien): Ohne Titel („Eines Tages ..."). Text nach Tonband-Interview im März 1981.

Anmerkung zur Gestalt der Texte: Wo dies vertretbar erschien, wurden Schreibweise und Zeichensetzung der Originale bzw. Erstdrucke beibehalten.

Herausgeberin und Verlag danken für die freundlich erteilten Abdruckgenehmigungen. Wo kein Copyright angegeben ist, liegt dieses bei den Autoren, bei deren Rechtsnachfolgern bzw. beim Löcker Verlag oder war nicht eruierbar. Sollten – ohne unsere Absicht – Rechte verletzt worden sein, so bitten wir deren Inhaber um entsprechende Mitteilung.

Bildnachweise

Bettauer's Wochenschrift, Wien, Nr. 30/1925: S. 85 oben; Nr. 49/1925: S. 109

Bildarchiv Preußischer Kulturbesitz, Berlin S. 27

The Central Archives for the History of the Jewish People, Jerusalem S. 45, 114 rechts, 115

Barbara Coudenhove-Kalergi, Wien S. 101

Dokumentationsarchiv des Österreichischen Widerstands, Wien S. 138/139

Blanka Diamant, Tel Aviv S. 77

Bruno Frei, Wien S. 38, 39, 49, 55, 57, 65 (alle Aufnahmen von Anton und Hans Bock)

Leo Glückselig, New York S. 42, 70/71, 76, 116/117, 121

Erich Goldstein, Jerusalem S. 69

Institut für Zeitgeschichte, Wien S. 122 (Foto: Albert Hilscher), 127, 128, 129, 130, 131

Der jüdische Arbeiter, Wien 1932: S. 85 unten

Lynkeus, Wien Mai/Juni 1981, Nr. 16/17: S. 36 unten

Laszlo Matulay, New York S. 113

Mordechai Menczer, Jerusalem S. 8, 80, 119

Museen der Stadt Wien (Historisches Museum) S. 84

Museum of the Jewish Diaspora Beth Hatfuzot, Tel Aviv S. 123

Neue Illustrierte Zeitung, Sondernummer Flüchtlinge, Wien 1917: S. 94

Österreichische Nationalbibliothek, Wien S. 25, 28, 29, 31, 33, 34/35, 36, 37, 41, 44, 46/47, 52, 53, 54, 58/59, 63, 66, 81, 82, 83, 87, 91, 93, 99, 103, 110/111, 125

Lothar Rübelt, Wien S. 73

Die Wahrheit, Wien 18. 1. 1924: S. 68

Maria Weinguny, Wien S. 95

Hilde West, Wien S. 104

Wiener Stadt- und Landesarchiv (Plan- und Kartensammlung) S. 22/23

Yad Vashem-Institut, Jerusalem S. 60, 136, 137

YIVO Institute for Jewish Research, New York S. 21, 89, 134/135

Archiv der Herausgeberin S. 10, 11, 13, 43, 51, 61, 70 unten, 78, 96/97, 105, 114 links, 116 unten

Herausgeberin und Verlag danken allen Personen und Institutionen, die den Abdruck der Illustrationen ermöglichten.